学級担任のための国語資料集

短文・長文・PISA型の力がつく

まるごと 読解力 説明文・詩

企画・編集　原田善造

小学１年

本書の特色

五社の教科書の説明文と詩をまるごと掲載

光村図書、東京書籍、教育出版、学校図書、大阪書籍の五社の教科書の説明文と詩を掲載しました。五社の教科書の作品がまるごと掲載されていて、たいへん充実した内容になっています。

読解力［思考力・表現力・活用力］の向上に最適のワークシート集　授業中の発問の例としても使える
教科書・全国学力テスト問題・OECDの学力調査（PISA）やフィンランドの教育方法なども参考に作成

本書を執筆するにあたり、まず、光村図書、東京書籍、教育出版、学校図書、大阪書籍の五社の教科書の説明文と詩を研究しました。さらに、全国学力テストの活用問題やOECDの学力調査（PISA）の読解力問題・フィンランドの教育方法なども参考に、現場の先生方の知恵を借りながら、日本の子どもたちに適した問題を作成しました。

読み取る力や思考力を問う問題と、表現力・活用力を問う問題をバランスよく掲載していますので、本書の活用により、子どもたちに豊かな読解力［思考力・表現力・活用力］が飛躍的に身につきます。

限られた授業時間の中でがんばっておられる、忙しい現場の先生方に最適な読解力ワークシート

教科書の作品を全部教えるにも授業時間が足りないのが日本の教育現場の実情だといわれています。

本書は、教科書の作品に限って掲載しています。教科書以外の問題を作っても、その問題の作品を教えるのに、とても時間がかかってしまいます。また、教科書以外の作品では、その学年の児童の発達段階に適しているかどうかわかりません。

そこで、本書では何よりも教科書の作品をよく研究し、読解力［思考力・表現力・活用力］向上のための充実した問題を、短文・長文・全文の三部構成で作成しました。

授業の中での活用はもちろん、短時間の朝勉強やテスト・宿題等、いろいろな場面で、いろいろな時間の長さで活用できるので、忙しい中でがんばっておられる先生方にはピッタリのワークシートです。

本書の使い方

短文読解のページ

日々の授業や朝学習や宿題等に使えるよう、一つの説明文を何ページかにわたって短く掲載しています。短時間でできますのでぜひご活用下さい。

読解力［思考力・表現力・活用力］を豊かに形成するためには、たくさんの作品に接することも大切ですので、学校で採択されていない他社の教科書の作品もぜひご活用下さい。

長文読解のページ

小学校であつかう一般的なテスト等と同じ長さの問題を掲載しています。テストや授業や宿題等、いろいろな場面で活用して下さい。

全文読解のページ

短文読解のページや長文読解のページを学習した後に使って頂いても、また、実力テストとして使って頂いてもいいように、作品の全文から出題されています。

一年生は、一つの作品を一ページに全文掲載しています。解答用紙は別ページになっておりますので、作品ページと解答ページの2枚をご使用下さい。

詩のページ

詩は原則、上段に詩があり、下段に問題が掲載されています。

詩は、読解力だけでなく、ワークシートの上半分の詩の部分だけを暗唱に使ったり、視写に使ったりできるようになっています。詩を口ずさむことができると、感受性なども豊かになります。ぜひ様々な方法でご活用下さい。

豊かなイラスト

子どもたちのイマジネーションをふくらませる、豊かなイラストが掲載されています。説明文のワークシートには、イラストと本文の関係を問う問題もありますので、ぜひ、イラストにも着目させて下さい。

解答のページ

本書の解答例は、あくまで一つの解答例です。国語の教材は、子どもによってイメージの仕方や、問題の受け止め方が多様であり、これだけが正解ということは絶対にありません。子どもの表現が少々違っていても、文意が合っていれば必ず○をしてあげて下さい。「思ったこと」「考えたこと」などは様々なとらえ方がありますので、解答例を省略している場合があります。児童の思いをよく聞いて○をつけて下さい。あくまでも子どもの考えに寄りそった○つけをお願い致します。

目次

短文読解力問題

長文読解力問題

全文読解力問題

詩

解答

【光】…光村図書
【東】…東京書籍
【教】…教育出版
【学】…学校図書
【大】…大阪書籍

授業の発問事例・宿題
読解練習・朝学習等に使える

短文読解力問題

いろいろな くちばし(1)

なまえ［　　　　　　　　　　］

さきが
するどく　とがった
くちばしです。
これは、なんの
くちばしでしょう。

これは、きつつきの
くちばしです。
きつつきは、
とがった　くちばしで、
きに　あなを　あけます。
そして、きの　なかに
いる　むしを　たべます。

（光村図書　こくご一年（上）かざぐるま　むらた　こういち）

うえの　ぶんを　よんで　こたえましょう。

(1) きつつきの　くちばしは　どんな　くちばし　ですか。

（　　　　　　）

(2) きつつきは　とがった　くちばしを　つかって　なにを　しますか。

（　　　　　　）

(3) きつつきが　きに　あなを　あける　のは　なんの　ためでしょう。

（　　　　　　）

いろいろな くちばし(2)

なまえ［　　　　　　　　　　］

ふとくて、
さきが　まがった
くちばしです。
これは、なんの
くちばしでしょう。

これは、おうむの
くちばしです。
おうむは、まがった
くちばしの　さきで、
かたい　たねの
からを　わります。
そして、なかの　みを
たべます。

（光村図書　こくご一年（上）　かざぐるま　むらた　こういち）

うえの　ぶんを　よんで　こたえましょう。

(1) おうむの　くちばしは　どんな　くちばし　ですか。

（　　　　　　　　　　）

(2) おうむは　まがった　くちばしの　さきを　つかって　なにを　しますか。

（　　　　　　　　　　）

(3) おうむが　たねの　からを　わるのは　なんの　ためでしょう。

（　　　　　　　　　　）

いろいろな くちばし(3)

なまえ［　　　　　　　］

ほそくて、
ながく　のびた
くちばしです。
これは、なんの
くちばしでしょう。

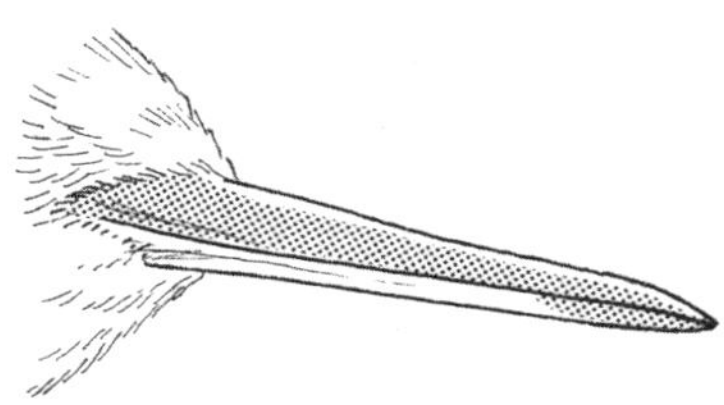

これは、はちどりの
くちばしです。
はちどりは、ほそながい
くちばしを、はなの　なかに
いれます。
そして、はなの
みつを　すいます。

（光村図書　こくご一年（上）　かざぐるま　むらた　こういち）

うえの　ぶんを　よんで　こたえましょう。

(1)　はちどりの　くちばしは　どんな　くちばし　ですか。

（　　　　　　　）

(2)　はちどりは　ほそながい　くちばしを　どこに　いれますか。

（　　　　　　　）

(3)　はちどりが　くちばしを、はなの　なかに　いれるのは　どうしてでしょう。

（　　　　　　　）

じどう車くらべ(1)

なまえ［　　　　　　　　　　　　　　　　　］

いろいろな　じどう車が、
どうろを　はしって　います。
それぞれの　じどう車は、
どんなしごとを　して　いますか。
その　ために、どんな　つくり
に　なって　いますか。
バスや　じょうよう車は、人を
のせて　はこぶ　しごとを
して　います。
その　ために、
ざせきの　ところが、
ひろく　つくって　あります。
そとの　けしきが
よく　みえるように、
大きな　まどが
たくさん　あります。

（光村図書　こくご一年（上）かざぐるま）

うえの　ぶんを　よんで　こたえましょう。

(1)　バスや　じょうよう車は、どんな　しごとを　して　いますか。

（　　　　　　　　　　　　　）

(2)　ざせきの　ところが　ひろく　つくって　あるのは　どうしてですか。

（　　　　　　　　　　　　　）

(3)　大きな　まどが　たくさん　あるのは　どうしてですか。

（　　　　　　　　　　　　　）

じどう車くらべ(2)

なまえ［　　　　］

トラックは、
にもつを　はこぶ
しごとを　して　います。
その　ために、
うんてんせきの　ほかは、
ひろい　にだいに　なって
います。
おもい　にもつを
のせる　トラックには、
タイヤが　たくさん
ついて　います。

（光村図書　こくご一年（上）かざぐるま）

うえの　ぶんを　よんで　こたえましょう。

(1)　トラックは、どんな　しごとを　して　いますか。

（　　　　）

(2)　うんてんせきの　ほかは、ひろい　にだいに　なって　いるのは　どうしてですか。

（　　　　）

(3)　トラックに　タイヤが　たくさん　ついて　いるのは　どうしてですか。

（　　　　）

じどう車くらべ(3)

なまえ［　　　　　　　　］

クレーン車は、おもい　ものを　つりあげる　しごとを　して　います。

その　ために、じょうぶな　うでが、のびたり　うごいたり　するように、つくって　あります。

車たいが　かたむかないように、しっかりした　あしが、ついて　います。

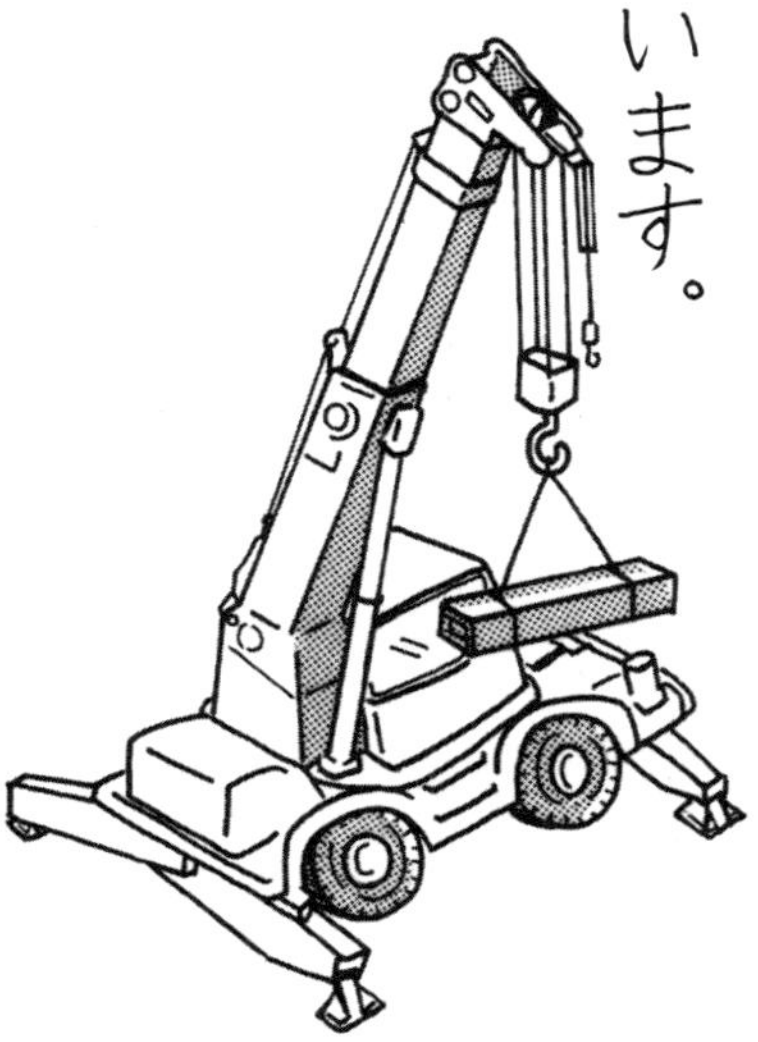

（光村図書　こくご一年（上）かざぐるま）

うえの　ぶんを　よんで　こたえましょう。

(1)　クレーン車は、どんな　しごとを　して　いますか。

（　　　　　　　　）

(2)　クレーン車は、どのように　つくって　ありますか。

（　　　　　　　　）

(3)　しっかりした　あしが　ついて　いるのは　どうしてですか。

（　　　　　　　　）

じどう車くらべ(4)

なまえ［　　　　　　　　］

きゅうきゅう車は、けがを
した 人や、びょうきの 人を、
びょういんへ はこぶ しごと
を して います。
　その ために、うんてんせき
の うしろは、人を ねかせる
ことが できるように なって
います。

（光村図書　こくご一年（上）　かざぐるま）

うえの ぶんを よんで こたえましょう。

(1) きゅうきゅう車は、どんな しごとを して いますか。

(2) うんてんせきの うしろは、どうなって いますか。

かんじの はなし(1)

なまえ［　　　　　　　　］

かんじは、はじめは、かんたんな
えのような ものでした。
「やま」の すがたから、「山」と
いう かんじが できました。
「みず」の ながれる ようすから、
「水」と いう かんじが
できました。
空から「あめ」が ふる ようす
から、「雨」と いう かんじが
できました。

山（やま）

水（みず）

雨（あめ）

（光村図書　こくご一年（下）ともだち）

うえの ぶんを よんで こたえましょう。

(1) 「山」と いう かんじは なにから できましたか。

（　　　　　　　　）

(2) 「水」と いう かんじは なにから できましたか。

（　　　　　　　　）

(3) 「雨」と いう かんじは なにから できましたか。

（　　　　　　　　）

かんじの はなし(2)

なまえ［　　　　　　　　］

「うえ」に、ものが ある ことを しめす しるしから、「上」と いう かんじが できました。

上（うえ）

「した」に、ものが ある ことを しめす しるしから、「下」と いう かんじが できました。

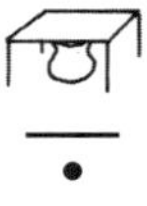

下（した）

（光村図書　こくご一年（下）ともだち）

うえの ぶんを よんで こたえましょう。

(1) 「上」と いう かんじは なにから できましたか。

（　　　　　　　　）

(2) 「下」と いう かんじは なにから できましたか。

（　　　　　　　　）

ものの　名まえ(1)

なまえ［　　　　　　　　　　　　］

けんじくんは、夕がた、おねえさんと　町へ　かいものに　いきました。はじめの　おみせには、りんご、みかん、バナナなどが、ならんで　います。ふたりは、五百円で　りんごを　かいました。

この　おみせは、なにやさんでしょう。

（光村図書　こくご一年（下）ともだち）

うえの　ぶんを　よんで　こたえましょう。

(1) けんじくんは、だれと　町へ　かいものに　いきましたか。

（　　　　　　）

(2) はじめの　おみせに　ならんで　いたものを　三つ　かきましょう。

（　　　　　　）（　　　　　　）（　　　　　　）

(3) ふたりは　なにを　かいましたか。

（　　　　　　）

(4) この　おみせは、なにやさんでしょう。

（　　　　　　）

ものの　名まえ(2)

なまえ［　　　　　　　　　　］

つぎに、さかなやさんに いきました。あじ、さば、たいなどが、ならんで います。けんじくんが、

「さかなを ください。」

と いって、千円さつを 出しました。おみせの おじさんは、

「さかなじゃ わからないよ。」

と、わらいながら いいました。

おじさんは、なぜ

「わからないよ。」

と いったのでしょう。

（光村図書　こくご一年（下）　ともだち）

うえの ぶんを よんで こたえましょう。

(1) けんじくんが、つぎに いったところは どこですか。

（　　　　　　）

(2) おみせに ならんで いた ものを 三つ かきましょう。

（　　　　）（　　　　）（　　　　）

(3) けんじくんは、なにを くださいと いいましたか。

（　　　　　　）

(4) おじさんは、なぜ「わからないよ。」と いったのでしょう。

（　　　　　　）

ものの　名まえ(3)

なまえ［　　　　　　　］

ものには、一つ一つに　名まえが　ついて　います。**りんご、みかん、バナナ**などは、一つ一つの　名まえです。

　一つ一つの　ものを、まとめて　つけた　名まえも　あります。りんご、みかん、バナナなどを　まとめて　つけた　名まえは、**くだもの**です。

　さかなも、まとめて　つけた　名まえです。一つ一つを　わけて　いう　ときには、**あじ、さば、たい**などと、一つ一つの　名まえを　つかいます。

（光村図書　こくご一年（下）　ともだち）

うえの　ぶんを　よんで　こたえましょう。

(1)　うえの　ぶんに　かいて　ある、くだものの　名まえを　三つ　かきましょう。

（　　　　）（　　　　）（　　　　）

(2)　つぎの　ことばの　なかで、まとめて　つけた　名まえには○、一つ一つの　ものに　つけた　名まえには△を（　）に　かきましょう。

（　）さかな

（　）あじ

（　）バナナ

（　）くだもの

どうぶつの　赤ちゃん(1)

なまえ［　　　　　　　　］

どうぶつの　赤ちゃんは、生まれたばかりの　ときは、どんな　ようすを　して　いるのでしょう。そして、どのように　して、大きく　なって　いくのでしょう。

　ライオンの　赤ちゃんは、生まれた　ときは、子ねこぐらいの　大きさです。目や　耳は、とじた　ままです。ライオンは、どうぶつの　王さまと　いわれます。けれども、赤ちゃんは、よわよわしくて、おかあさんに　あまり　にて　いません。

（光村図書　こくご一年（下）ともだち　ますい　みつこ）

うえの　ぶんを　よんで　こたえましょう。

(1) ライオンの　赤ちゃんの　生まれた　ときの　ようすに　ついて　かきましょう。

① どれぐらいの　大きさですか。

（　　　　　　）

② 目は　どうなって　いますか。

（　　　　　　）

③ 耳は　どうなって　いますか。

（　　　　　　）

④ おかあさんに　にて　いますか。

（　　　　　　）

どうぶつの赤ちゃん(2)

なまえ［　　　　　　　　］

　ライオンの　赤ちゃんは、じぶんでは　あるく　ことが　できません。よそへ　いく　ときは、おかあさんに、口に　くわえて　はこんで　もらうのです。

　ライオンの　赤ちゃんは、生まれて　二か月ぐらいは、おちちだけ　のんで　いますが、やがて、おかあさんの　とった　えものを　たべはじめます。一年ぐらい　たつと、おかあさんや　なかまが　するのを　見て、えものの　とりかたを　おぼえます。そして、じぶんで　つかまえて　たべるように　なります。

（光村図書　こくご一年（下）ともだち　ますい　みつこ）

うえの　ぶんを　よんで　こたえましょう。

(1)　ライオンの　赤ちゃんは、よそへ　いく　ときは　どうしますか。

（　　　　　　　　）

(2)　ライオンの　赤ちゃんが、おかあさんの　おちちだけ　のんで　いるのは、生まれてから　どれぐらいの　あいだ　ですか。

（　　　　　　　　）

(3)　ライオンの　赤ちゃんが、えものを　じぶんで　つかまえて　たべるように　なるのは、生まれて　どれぐらい　たってからですか。

（　　　　　　　　）

どうぶつの赤ちゃん(3)

なまえ［　　　　　　　　］

しまうまの　赤ちゃんは、生まれた　ときに、もう　やぎぐらいの　大きさが　あります。目は　あいて　いて、耳も　ぴんと　立って　います。しまの　もようも　ついて　いて、おかあさんに　そっくりです。

（光村図書　こくご一年（下）ともだち　ますい　みつこ）

うえの　ぶんを　よんで　こたえましょう。

(1)　しまうまの　赤ちゃんの　生まれた　ときの　ようすに　ついて　かきましょう。

①　どれぐらいの　大きさですか。

（　　　　　　　　）

②　目は　どうなって　いますか。

（　　　　　　　　）

③　耳は　どうなって　いますか。

（　　　　　　　　）

④　おかあさんに　にて　いますか。

（　　　　　　　　）

どうぶつの赤ちゃん(4)

なまえ［　　　　　　　　　　］

しまうまの　赤ちゃんは、生まれて　三十ぷんも　たたない　うちに、じぶんで　立ち上がります。そして、つぎの日には、はしるように　なります。だから、つよい　どうぶつに　おそわれても、おかあさんや　なかまと　いっしょに　にげる　ことが　できるのです。

（光村図書　こくご一年（下）ともだち　ますい　みつこ）

うえの　ぶんを　よんで　こたえましょう。

(1)　しまうまの　赤ちゃんは、生まれて　どれぐらいで、じぶんで　立ち上がりますか。

（　　　　　　　　）

(2)　しまうまの　赤ちゃんは、生まれて　どれぐらいで、はしるように　なりますか。

（　　　　　　　　）

(3)　しまうまの　赤ちゃんが、生まれて　すぐに　立って　はしれるように　なるのは、なんの　ためですか。

（　　　　　　　　）

どうぶつの赤ちゃん(5)

なまえ［　　　　　］

しまうまの　赤ちゃんが、おかあさんの　おちちだけ　のんでいるのは、たった　七日ぐらいのあいだです。その　あとは、おちちも　のみますが、じぶんで　草も　たべるように　なります。

（光村図書　こくご一年（下）ともだち　ますい　みつこ）

うえの　ぶんを　よんで　こたえましょう。

(1)　しまうまの　赤ちゃんが、おかあさんの　おちちだけ　のんで　いるのは、どれぐらいの　あいだ　ですか。

（　　　　　）

(2)　その　あとは、おちちを　のむ　ほかに、なにを　しますか。

（　　　　　）

どうぶつの はな(1)

なまえ［　　　　　　　　　　］

たいへんです。
かいじゅうが
あらわれました。

こっちを　にらんで　います。
どう　しましょう。

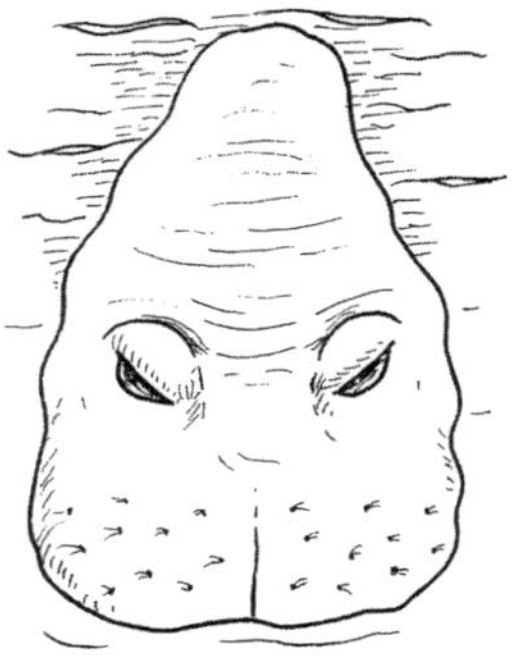

これは、かばの　はなです。
かばは、かわや　ぬまの
ちかくに　すんで　います。
かばは、はなの　あなを
とじる　ことが　できます。
みずに　もぐる　とき、
はなの　あなを　とじて、
みずが　はいらないように　します。
ほかにも　べんりな　はなが、
いろいろ　あります。

（東京書籍　新編　あたらしいこくご一年（上）　こみやま　ひろし）

うえの　ぶんを　よんで　こたえましょう。

(1) こっちを　にらんで　いる　かいじゅうは　なんですか。

（　　　　　　　　）

(2) かばは　どこに　すんで　いますか。

（　　　　　　　　）

(3) かばが　はなの　あなを　とじる　ときは、どんな　ときですか。

（　　　　　　　　）

どうぶつの はな(2)

なまえ［　　　　　　　　］

これは、なんの　はなでしょう。

これは、はりもぐらの
はなです。
はりもぐらは、おちばや
つちの　なかに　いる、
ありや　しろありを　たべます。
はりもぐらは、ながく
つきでた　はなの　さきで、
おちばや　つちを　かきわけて、
ありや　しろありを　みつけます。

（東京書籍　新編　あたらしいこくご一年(上)　こみやま　ひろし）

うえの　ぶんを　よんで　こたえましょう。

(1)　うえの　えは、なんの　はなでしょう。
（　　　　　　　　）

(2)　はりもぐらは　なにを　たべますか。
（　　　　　　　　）

(3)　はりもぐらの　はなは　どんな　はなですか。
（　　　　　　　　）

(4)　はりもぐらは、はなの　さきで　なにを　しますか。
（　　　　　　　　）

どうぶつの はな(3)

なまえ［　　　　　　　　］

これは、なんの　はなでしょう。

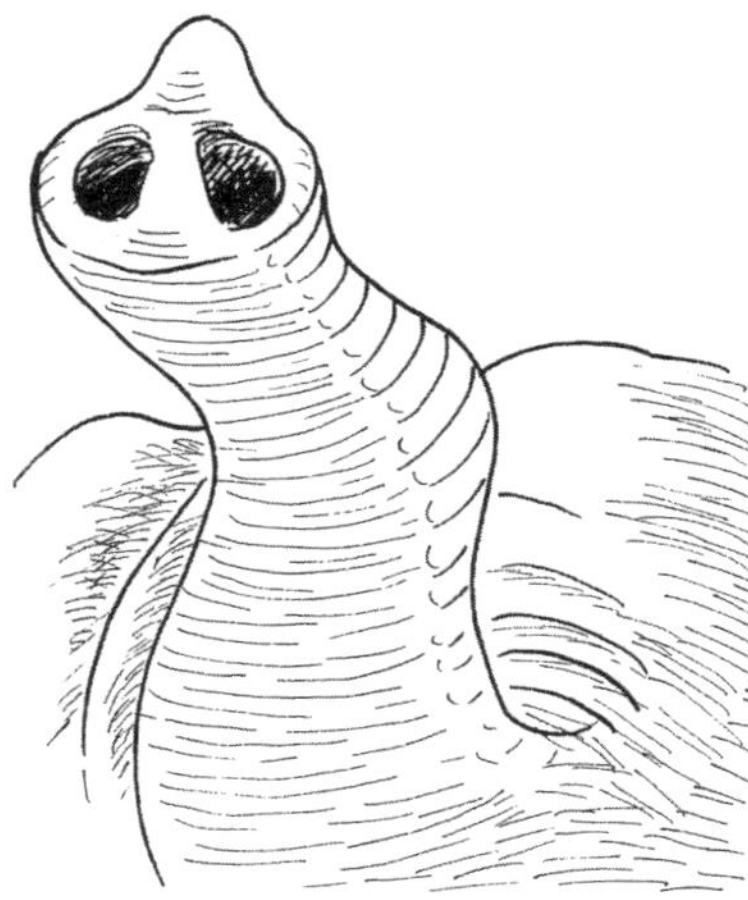

これは、ぞうの　はなです。ぞうの　はなは、ながくて、いろいろな　むきに　まがります。はなを　じょうずに　つかって、えさを　たべたり、みずを　あびたり　します。

（東京書籍　新編　あたらしいこくご一年（上）　こみやま　ひろし）

うえの　ぶんを　よんで　こたえましょう。

(1) うえの　えは、なんの　はなでしょう。

（　　　　　　　）

(2) ぞうの　はなは　どうなって　いますか。

（　　　　　　　）

(3) ぞうは、はなを　じょうずに　つかって　なにを　しますか。

（　　　　　　　）

いろいろな ふね(1)

なまえ［　　　　　　　　　　　　］

ふねには、いろいろな ものが あります。

きゃくせんは、たくさんの 人を はこぶ ための ふねです。

この ふねの 中には、きゃくしつや しょくどうが あります。

人は、きゃくしつで 休んだり、しょくどうで しょくじを したり します。

（東京書籍　新編あたらしいこくご一年（下））

うえの ぶんを よんで こたえましょう。

(1) 人を はこぶ ための ふねは なんと いいますか。

（　　　　）

(2) きゃくせんには、どんな へやが ありますか。二つ かきましょう。

（　　　　）（　　　　）

(3) 人が 休んだり する ところを なんと いいますか。

（　　　　）

いろいろな ふね(2)

なまえ［　　　　］

フェリーボートは、たくさんの 人と じどう車を いっしょに はこぶ ための ふねです。

この ふねの 中には、きゃくしつや 車を とめて おく ところが あります。

人は、車を ふねに 入れてから、きゃくしつで 休みます。

（東京書籍　新編あたらしいこくご一年（下））

うえの ぶんを よんで こたえましょう。

(1) フェリーボートは、なにを はこぶ ための ふねですか。

（　　　　）

(2) フェリーボートの 中には、どんな ところが ありますか。二つ かきましょう。

（　　　　）（　　　　）

(3) フェリーボートに のった 人は、どうしますか。

（　　　　）

いろいろな ふね(3)

なまえ［　　　　　　］

ぎょせんは、さかなを とる ための ふねです。

この ふねは、さかなの むれを みつける きかいや、あみを つんで います。

みつけた さかなを あみで とります。

（東京書籍　新編あたらしいこくご一年（下））

うえの ぶんを よんで こたえましょう。

(1) さかなを とる ための ふねを なんと いいますか。

（　　　　）

(2) ぎょせんに つんで あるものを 二つ かきましょう。

（　　　　）

（　　　　）

(3) みつけた さかなは なにで とりますか。

（　　　　）

いろいろな ふね(4)

なまえ［　　　　　　　　］

しょうぼうていは、ふねの　火じを　けす　ための　ふねです。

この　ふねは、ポンプや　ホースを　つんで　います。

火じが　あると、水や　くすりを　かけて、火を　けします。

いろいろな　ふねが、それぞれの　やくめに　あう　ように　つくられて　います。

（東京書籍　新編あたらしいこくご一年（下））

うえの　ぶんを　よんで　こたえましょう。

(1) しょうぼうていは、なにを　する　ための　ふねですか。

（　　　　　　　）

(2) しょうぼうていには、なにが　つんで　ありますか。二つ　かきましょう。

（　　　　　　　）（　　　　　　　）

(3) しょうぼうていは、どのようにして　火を　けしますか。

（　　　　　　　）

はたらく じどう車(1)

なまえ［　　　　　　　　　　　　］

じどう車には、いろいろな　ものが　あります。どの　じどう車も、つかいみちに　あわせて　つくって　あります。

バスは、大ぜいの　おきゃくを　のせて　はこぶ　じどう車です。

ですから、たくさんの　ざせきが　あります。つりかわや　手すりも　ついて　います。

バスは、きまった　じこくに、きまった　みちを　はしります。

（教育出版　しょうがくこくご　ひろがることば　一年(下)）

うえの　ぶんを　よんで　こたえましょう。

(1) バスは、なにを　する　ための　じどう車ですか。

（　　　　　）

(2) バスの　なかには、どんな　ものが　ついていますか。三つ　かきましょう。

（　　　）（　　　）（　　　）

(3) バスは、どういうふうに　はしって　いますか。

（　　　　　）

はたらく じどう車（2）

なまえ［　　　　］

コンクリートミキサー車は、
なまコンクリートを　はこぶ
じどう車です。
ですから、大きな
ミキサーを　のせて
います。
なまコンクリートが
かたまらないように、
ミキサーを　ぐるぐる
まわしながら　はしります。

（教育出版　しょうがくこくご　ひろがることば　一年（下））

うえの　ぶんを　よんで　こたえましょう。

(1) なまコンクリートを　はこぶ　じどう車を　なんと　いいますか。

（　　　　）

(2) ミキサーの　なかには　なにが　はいって　いるのでしょう。

（　　　　）

(3) ミキサーを　ぐるぐる　まわしながら　はしるのは　なぜですか。

（　　　　）

はたらく じどう車(3)

なまえ［　　　　　　　　　　　］

ショベルカーは、こうじを　するときに　つかう　じどう車です。

ですから、てつで　できた、ながい　うでと　じょうぶな　バケットを　もって　います。

うでと　バケットを　うごかして、じめんを　ほったり、けずったり　します。

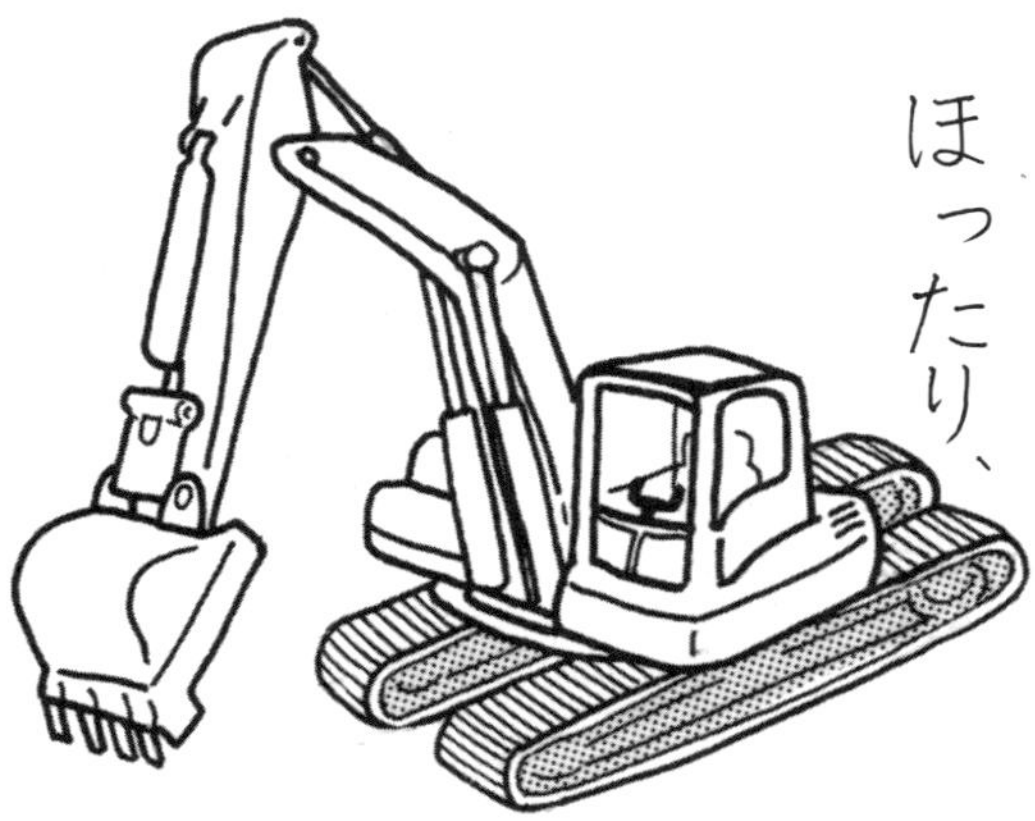

（教育出版　しょうがくこくご　ひろがることば　1年(下)）

うえの　ぶんを　よんで　こたえましょう。

(1) ショベルカーは、どんな　ときに　つかう　じどう車ですか。

（　　　　　　　　）

(2) ショベルカーには、なにが　ついて　いますか。二つ　かきましょう。

（　　　　）（　　　　）

(3) ショベルカーは、うでと　バケットを　うごかして、なにを　しますか。

（　　　　　　　　）

はたらく じどう車(4)

なまえ［　　　　　　　　］

ポンプ車は、火じを
けす　ときに　つかう
じどう車です。
　ですから、ホースや　はしごを　つんで　います。
また、ホースを　はこぶ
車も　のせて　います。
　火じばでは、いけや
しょう火せんなどから
水を　すいあげて、火を
けします。

（教育出版　しょうがくこくご　ひろがることば　1年(下)）

うえの　ぶんを　よんで　こたえましょう。

(1)　ポンプ車は、どんな　ときに　つかう　じどう車ですか。

（　　　　　）

(2)　ポンプ車に　つんで　あるものを　三つ　かきましょう。

（　　　）（　　　）（　　　）

(3)　ポンプ車は、どのようにして　火を　けしますか。

（　　　　　）

みぶりで つたえる(1)

なまえ［　　　　　　　　　　］

こうえんの　むこうで、ともだちが　手を　ふって　います。わたしを　よんで　いるのです。わたしも　手を　ふって　こたえます。そして、ともだちの　ところへ　かけて　いきます。

このように、わたしたちは、ことばだけでは　なく、みぶりでも、きもちや　かんがえを　あいてに　つたえる　ことが　できます。

（教育出版　ひろがることば　しょうがくこくご一年（下）のむら　まさいち）

うえの　ぶんを　よんで　こたえましょう。

(1) こうえんの　むこうで、ともだちが　手を　ふって　いるのは　なんの　ためですか。

（　　　　　　　　）

(2) わたしは　どうしましたか。

（　　　　　　　　）

(3) わたしたちが　きもちや　かんがえを　あいてに　つたえる　ほうほうを　二つ　かきましょう。

（　　　　　　　　）（　　　　　　　　）

みぶりで つたえる (2)

なまえ［　　　　　　　　　　］

くびを たてに ふる
と「はい」、よこに
ふると「いいえ」、よこに か
たむけると「よく わからない」
と いう いみに なります。
くちびるに 人さしゆびを あ
てると「しずかに しよう」
と いう いみに なります。
　このような とき、みぶりは
ことばの かわりを して い
ます。

（教育出版　ひろがることば　しょうがくこくご一年（下）　のむら　まさいち）

うえの ぶんを よんで こたえましょう。

(1) くびを つぎの ①〜③の ように
すると、それぞれ どういう いみに
なりますか。

①たてに ふる（　　　　　）

②よこに ふる（　　　　　）

③よこに かたむける（　　　　　）

(2)「しずかに しよう」と いう いみ
の みぶりは どうしますか。

（　　　　　　　　　　）

(3) みぶりは なにの かわりを する
ことが できますか。

（　　　　　　　　　　）

みぶりで つたえる(3)

なまえ［　　　　　　　　］

ともだちに、「大きな さつまいもを ほったよ。」と はなす とき、さつまいもの ながさや ふとさを りょう手で あらわせば、その 大きさが よく つたわります。

あたまを 下げながら、「ありがとう ございます。」と いうと、おれいの きもちが よく つたわります。

　このように、みぶりと ことばを いっしょに つかうと、じぶんの つたえたい ことが、あいてに はっきりと つたわるのです。

（教育出版　ひろがることば　しょうがくこくご一年（下）のむら　まさいち）

うえの ぶんを よんで こたえましょう。

(1) 「大きな さつまいもを ほったよ。」と はなす とき、さつまいもの 大きさを よく つたえるには どうすれば よいですか。

（　　　　）

(2) おれいの きもちを よく つたえたい ときは どうすれば よいでしょうか。

（　　　　）

(3) じぶんの つたえたい ことを、あいてに はっきりと つたえたいときは どうすれば よいでしょうか。

（　　　　）

みぶりで つたえる(4)

なまえ［　　　　　　　　　　　］

また、みぶりは、ことばよりも きもちを つよく あらわす ことが あります。

うれしい ときには、りょう手を 上げて ばんざいを します。こまった ときには、うでを くんだり、あたまに 手を あてたり します。

このように、うれしい、たのしい、かなしい、こまったなどの きもちは、みぶりで あらわす ほうが よく つたわる ことが あります。

（教育出版　ひろがることば　しょうがくこくご一年（下）のむら　まさいち）

うえの ぶんを よんで こたえましょう。

(1) うれしい ときには、どんな みぶりを しますか。

（　　　　　　　　）

(2) こまった ときには、どんな みぶりを しますか。

（　　　　　　　　）

(3) ことばよりも みぶりで あらわす ほうが よく つたわるのは どんな きもちですか。四つ かきましょう。

（　　　　）（　　　　）

（　　　　）（　　　　）

みぶりで つたえる(5)

なまえ［　　　　　　　　］

わたしたちは、じぶんの　きもちや　かんがえを、まわりの人と　つたえあって　くらしています。ことばだけで　なく、みぶりを　じょうずに　つかうと、つたえたい　きもちや　かんがえを　はっきりと　あらわせるように　なるのです。

（教育出版　ひろがることば　しょうがくこくご一年（下）　のむら　まさいち）

うえの　ぶんを　よんで　こたえましょう。

(1)　わたしたちは、どのように　くらしていますと　かかれていますか。

(2)　つたえたい　きもちや　かんがえを　はっきりと　あらわせるように　する　ためには　どうしたら　よいですか。

授業の発問事例・テスト・宿題等に使える

長文読解力問題

いろいろな くちばし

なまえ

さきが するどく とがった くちばしです。
これは、なんの くちばしでしょう。

これは、きつつきの くちばしです。
きつつきは、とがった くちばしで、きに あなを あけます。
そして、きの なかに いる むしを たべます。

ふとくて、さきが まがった くちばしです。
これは、なんの くちばしでしょう。

これは、おうむの くちばしです。
おうむは、まがった くちばしの さきで、かたい たねの からを わります。
そして、なかの みを たべます。

ほそくて、ながく のびた くちばしです。
これは、なんの くちばしでしょう。

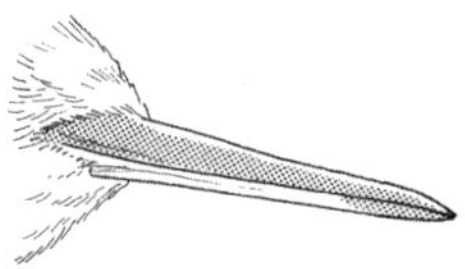

これは、はちどりの くちばしです。
はちどりは、ほそながい くちばしを、はなの なかに いれます。
そして、はなの みつを すいます。

（光村図書 こくご一年(上)かざぐるま むらた こういち）

うえの ぶんを よんで こたえましょう。

(1) つぎの ような くちばしを もった とりの なまえを （ ）に かきましょう。 (10×3)

ほそく ながい （　　　）

さきが するどく とがっている （　　　）

ふとくて、さきが まがっている （　　　）

(2) きつつきは くちばしで なにを しますか。 (15)

（　　　）

(3) きつつきは なにを たべますか。 (10)

（　　　）

(4) おうむは なにを たべますか。 (15)

（　　　）

(5) はちどりが くちばしを はなの なかに いれるのは、なにを する ためですか。 (15)

（　　　）

(6) とりに よって くちばしの かたちが ちがうのは なぜですか。 (15)

（　　　）

じどう車くらべ (1)

なまえ

いろいろな　じどう車が、
どうろを　はしって　います。
それぞれの　じどう車は、
どんな　しごとを　して
いますか。
その　ために、どんな
つくりに　なって　いますか。

バスや　じょうよう車は、
人を　のせて　はこぶ
しごとを　して　います。
その　ために、
ざせきの　ところが、
ひろく　つくって　あります。
そとの　けしきが
よく　みえるように、
大きな　まどが
たくさん　あります。

トラックは、
にもつを　はこぶ
しごとを　して　います。
その　ために、
うんてんせきの　ほかは、
ひろい　にだいに　なって
います。
おもい　にもつを
のせる　トラックには、
タイヤが　たくさん
ついて　います。

（光村図書　こくご一年（上）かざぐるま）

うえの　ぶんを　よんで　こたえましょう。（(1)〜(5)まで　各20）

(1) バスや　じょうよう車は、どんな　しごとを　していますか。

（　　　　）

(2) バスや　じょうよう車に　大きな　まどが　たくさん　あるのは　どうしてですか。

（　　　　）

(3) トラックは、どんな　しごとを　して　いますか。

（　　　　）

(4) トラックの　にだいが　ひろく　なって　いるのは　どうしてですか。

（　　　　）

(5) おもい　にもつを　のせる　トラックは、タイヤが　どうなって　いますか。

（　　　　）

じどう車くらべ (2)

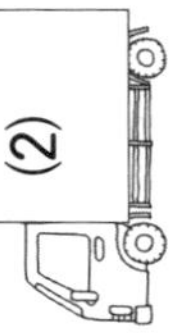

なまえ

クレーン車は、
おもい ものを
つりあげる しごとを して
います。
その ために、
じょうぶな うでが、のびたり
うごいたり するように、
つくって あります。
車たいが かたむかないように、
しっかりした あしが、
ついて います。

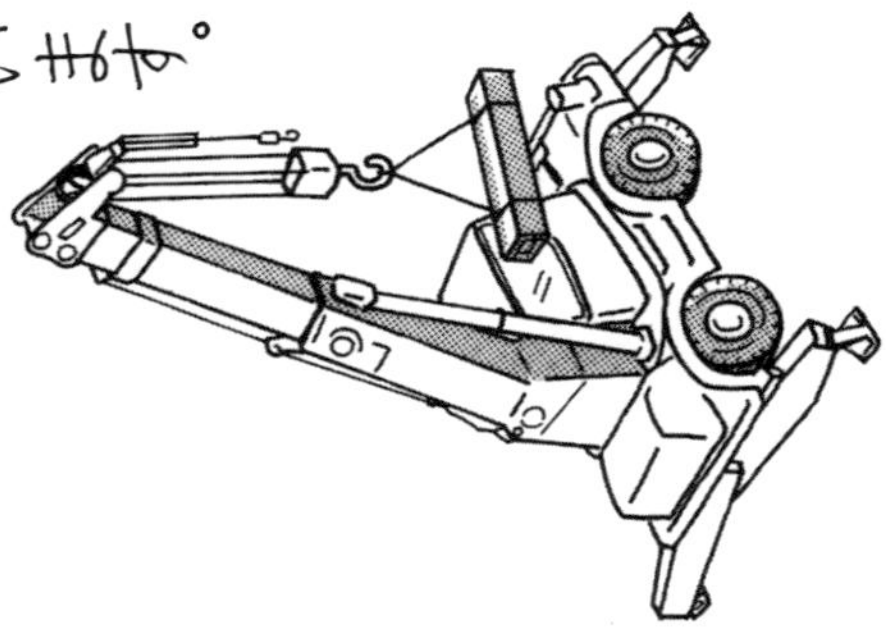

きゅうきゅう車は、けがを
した 人や、びょうきの 人を、
びょういんへ はこぶ しごと
を して います。
その ために、うんてんせき
の うしろは、人を
ねかせる ことが
できるように
なって います。

(光村図書 こくご一年(上)かざぐるま)

うえの ぶんを よんで こたえましょう。 ((1)～(5)まで 各20)

(1) クレーン車は、どんな しごとを して いますか。

(　　　　)

(2) クレーン車に ついて いる じょうぶな うでは、どのように つくって ありますか。

(　　　　)

(3) クレーン車に しっかりした あしが ついて いるのは どうしてですか。

(　　　　)

(4) きゅうきゅう車は、どんな しごとを して いますか。

(　　　　)

(5) きゅうきゅう車の うんてんせきの うしろは、どう なって いますか。

(　　　　)

かんじの　はなし

なまえ

かんじは、はじめは、かんたんな　えのような　ものでした。

山（やま）

「やま」の　すがたから、「山」と　いう　かんじが　できました。

「みず」の　ながれる　ようすから、「水」と　いう　かんじが　できました。

水（みず）

空から「あめ」が　ふる　ようすから、「雨」と　いう　かんじが　できました。

雨（あめ）

「うえ」に、ものが　ある　ことを　しめす　しるしから、「上」と　いう　かんじが　できました。

上（うえ）

「した」に、ものが　ある　ことを　しめす　しるしから、「下」と　いう　かんじが　できました。

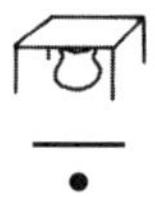
下（した）

（光村図書　こくご一年（下）　ともだち）

うえの　ぶんを　よんで　こたえましょう。

(1)「山」と　いう　かんじは　なにから　できましたか。⑮

（　　　　　　）

(2)「水」と　いう　かんじは　なにから　できましたか。⑮

（　　　　　　）

(3)「雨」と　いう　かんじは　なにから　できましたか。⑮

（　　　　　　）

(4)「うえ」に、ものが　ある　ことを　しめす　しるしから　できた　かんじを　かきましょう。⑮

（　　　　　　）

(5)　うえの　ぶんを　よんで、それぞれの　かんじを　三つに　わけましょう。(8×5)

①　しるしから　できた　かんじ

（　　　）（　　　）

②　なにかの　ようすから　できた　かんじ

（　　　）（　　　）

③　すがたから　できた　かんじ

（　　　）

ものの　名まえ (1)

なまえ

けんじくんは、夕がた、おねえさんと　町へ　かいものに　いきました。はじめの　おみせには、りんご、みかん、バナナなどが、ならんで　います。ふたりは、五百円で　りんごを　かいました。

この　おみせは、なにやさんでしょう。

つぎに、さかなやさんに　いきました。あじ、さば、たいなどが、ならんで　います。けんじくんが、

「さかなを　ください。」

と　いって、千円さつを　出しました。おみせの　おじさんは、

「さかなじゃ　わからないよ。」

と、わらいながら　いいました。

おじさんは、なぜ「わからないよ。」と　いったのでしょう。

（光村図書　こくご一年(下)ともだち）

うえの　ぶんを　よんで　こたえましょう。（(1)〜(5)まで　各20）

(1) けんじくんは、町へ　なにを　しに　いきましたか。

（　　　　　　　　　　）

(2) はじめの　おみせで、なにを　かいましたか。

（　　　　　　　　　　）

(3) はじめの　おみせは、なにやさんでしょう。

（　　　　　　　　　　）

(4) つぎの　おみせは、なにやさんでしょう。

（　　　　　　　　　　）

(5) おじさんは、なぜ「わからないよ。」と　いったのでしょう。

（　　　　　　　　　　）

ものの　名まえ　(2)

なまえ

ものには、一つ一つに　名まえが　ついて　います。**りんご**、**みかん**、**バナナ**などは、一つ一つの　名まえです。

一つ一つの　ものを、まとめて　つけた　名まえも　あります。りんご、みかん、バナナなどを　まとめて　つけた　名まえは、**くだもの**です。

さかなも、まとめて　つけた　名まえです。一つ一つを　わけて　いう　ときには、**あじ**、**さば**、**たい**などと、一つ一つの　名まえを　つかいます。

（光村図書　こくご一年(下)ともだち）

うえの　ぶんを　よんで　こたえましょう。

(1)　ものには、どんな　ふうに　名まえが　ついて　いますか。二つ　かきましょう。(20)

（　　　　）

（　　　　）

(2)　りんご、みかん、バナナなどを　まとめて　つけた　名まえは　なにですか。(20)

（　　　　）

(3)　うえの　ぶんに　かいてある　さかなの　名まえを　ぜんぶ　かきましょう。(10×3)

（　　）（　　）（　　）

(4)　つぎの　ことばの　なかで、まとめて　つけた　名まえには　○、一つ一つの　ものに　つけた　名まえには　△を　しましょう。(5×6)

（　）さかな　（　）花

（　）さくら　（　）ぶどう

（　）くだもの　（　）さんま

どうぶつの 赤ちゃん (1)

なまえ

ライオンの　赤ちゃんは、生まれた　ときは、子ねこぐらいの　大きさです。目や　耳は、とじた　ままです。ライオンは、どうぶつの　王さまと　いわれます。けれども、赤ちゃんは、よわよわしくて、おかあさんに　あまり　にて　いません。

ライオンの　赤ちゃんは、じぶんでは　あるく　ことが　できません。よそへ　いく　ときは、おかあさんに、口に　くわえて　はこんで　もらうのです。

ライオンの　赤ちゃんは、生まれて　二か月ぐらいは、おちちだけ　のんで　いますが、やがて、おかあさんの　とった　えものを　たべはじめます。一年ぐらい　たつと、おかあさんや　なかまが　するのを　見て、えものの　とりかたを　おぼえます。そして、じぶんで　つかまえて　たべるように　なります。

(光村図書　こくご一年(下)ともだち　ますい　みつこ)

うえの　ぶんを　よんで　こたえましょう。

(1) ライオンの　赤ちゃんの　生まれた　ときの　ようすに　ついて　かきましょう。(15×3)

① どれぐらいの　大きさですか。

(　　　　)

② 目や　耳は　どうなって　いますか。

(　　　　)

③ おかあさんに　にて　いますか。

(　　　　)

(2) ライオンの　赤ちゃんは、よそへ　いく　ときは、どうやって　いきますか。(20)

(　　　　)

(3) ライオンの　赤ちゃんが、おかあさんの　おちちだけ　のんで　いるのは　どれぐらいの　あいだ　ですか。(15)

(　　　　)

(4) ライオンの　赤ちゃんが、えものを　じぶんで　つかまえて　たべるように　なるのは、生まれて　どれぐらい　たってからですか。(20)

(　　　　)

どうぶつの　赤ちゃん　(2)

なまえ

しまうまの　赤ちゃんは、生まれた　ときに、もう　やぎぐらいの　大きさが　あります。目は　あいて　いて、耳も　ぴんと　立って　います。しまの　もようも　ついて　いて、おかあさんに　そっくりです。

しまうまの　赤ちゃんは、生まれて　三十ぷんも　たた　ない　うちに、じぶんで　立ち　上がります。そして、つぎの　日には、はしるように　なり　ます。だから、つよい　どうぶ　つに　おそわれても、おかあ　さんや　なかまと　いっしょ　に　にげる　ことが　できる　のです。

しまうまの　赤ちゃんが、おかあさんの　おちちだけ　のんで　いるのは、たった　七日ぐらいの　あいだです。その　あとは、おちちも　のみますが、じぶんで　草も　たべるように　なります。

（光村図書　こくご一年(下)ともだち　ますい　みつこ）

うえの　ぶんを　よんで　こたえましょう。

(1) しまうまの　赤ちゃんは、生まれた　とき、どれぐらいの　大きさですか。⑮

(2) 目や　耳は　どうなって　いますか。⑮

(3) おかあさんに　にて　いますか。⑮

(4) しまうまの　赤ちゃんは、生まれて　どれぐらいで、はしるように　なりま　すか。⑮

(5) しまうまの　赤ちゃんが、生まれて　すぐに　立って　はしれるように　な　るのは、なんの　ためですか。⑳

(6) しまうまの　赤ちゃんは　生まれて　七日ぐらい　たったあと、どのように　して　大きく　なりますか。⑳

どうぶつの はな (1)

なまえ

あ たいへんです。かいじゅうが
あらわれました。

こっちを にらんで います。
どう しましょう。

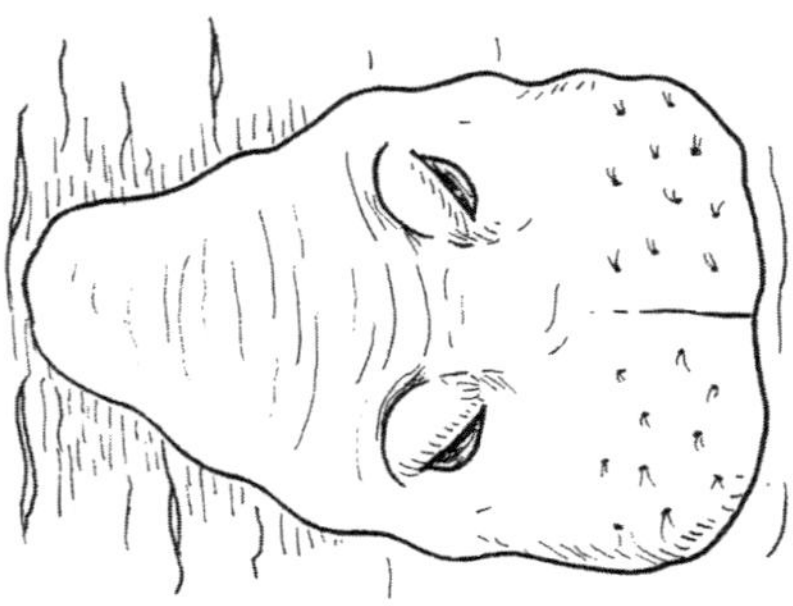

［①］、かばの はなです。

かばは、かわや ぬまの
ちかくに すんで います。

かばは、はなの あなを
とじる ことが できます。

みずに もぐる とき、
はなの あなを とじて、
みずが はいらないように
します。

［②］ べんりな はなが、
いろいろ あります。

(東京書籍 新編 あたらしいこくご一年(上) こみやま ひろし)

うえの ぶんを よんで こたえましょう。

(1) あ たいへんです。と ありますが なにが たいへん なのですか。 (20)

(2) こっちを にらんで いる かいじゅうは なんですか。 (20)

(3) かばは どこに すんで いますか。 (20)

(4) かばが みずに もぐる とき、はなの あなを とじるのは どうしてでしょう。 (20)

(5) ①②の □ に あてはまる ことばに ○を しましょう。 (10×2)

① どれは　あれは　これは

② ほかにも　だから　しかし

どうぶつの　はな ⑵

なまえ

これは、なんの　はなでしょう。

あ

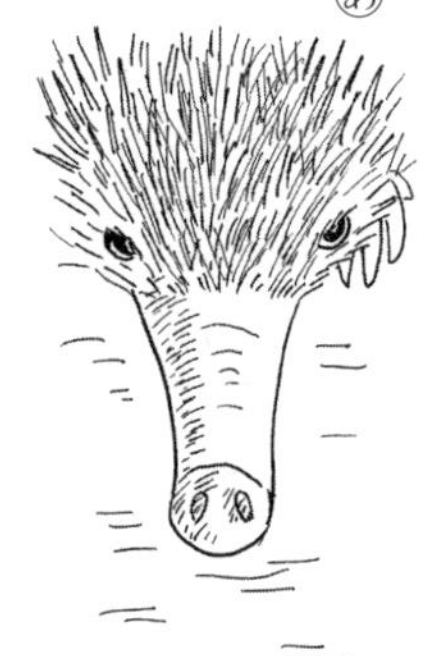

これは、はりもぐらの
はなです。
はりもぐらは、おちばや
つちの　なかに　いる、
ありや　しろありを　たべます。
はりもぐらは、ながく
つきでた　はなの　さきで、
おちばや　つちを　かきわけて、
ありや　しろありを　みつけます。

これは、なんの　はなでしょう。

い

これは、ぞうの　はなです。
ぞうの　はなは、ながくて、
いろいろな　むきに　まがります。
はなを　じょうずに
つかって、えさを　たべたり、
みずを　あびたり　します。

（東京書籍　新編　あたらしいこくご一年(上)　こみやま　ひろし）

うえの　ぶんを　よんで　こたえましょう。

(1) はりもぐらは　なにを　たべますか。（10）

（　　　　　　　　）

(2) はりもぐらの　はなは　どうなって　いますか。（15）

（　　　　　　　　）

(3) ぞうの　はなは　どうなって　いますか。（15）

（　　　　　　　　）

(4) ぞうは、はなを　じょうずに　つかって　なにを　しますか。（15）

（　　　　　　　　）

(5) あいの　それぞれの　どうぶつの　はなの　えを　みて、（　）に　あか　いを　かきいれましょう。（15×2）

① はなを　つかって、みずあびを　する。（　　）

② はなの　さきで、つちを　かき　わける。（　　）

いろいろな ふね (1)

なまえ

ふねには、いろいろな ものが あります。

きゃくせんは、たくさんの 人を はこぶ ための ふねです。

この ふねの 中には、きゃくしつや しょくどうが あります。

人は、きゃくしつで 休んだり、しょくどうで しょくじを したり します。

フェリーボートは、たくさんの 人と じどう車を いっしょに はこぶ ための ふねです。

この ふねの 中には、きゃくしつや 車を とめて おく ところが あります。

人は、車を ふねに 入れてから、きゃくしつで 休みます。

（東京書籍 新編あたらしいこくご一年(下)）

うえの ぶんを よんで こたえましょう。

(1) きゃくせんは、なにを はこぶ ための ふねですか。 ⑳

（　　　　）

(2) きゃくせんの なかで、つぎの ことを する ところを なんと いいますか。 (10×2)

① 人が 休むところ

（　　　　）

② しょくじを するところ

（　　　　）

(3) フェリーボートは、なにを はこぶ ための ふねですか。 ⑳

（　　　　）

(4) フェリーボートの 中には、どんな ところが ありますか。 ⑳

（　　　　）

(5) 人は、車を ふねに 入れてから、どうしますか。 ⑳

（　　　　）

いろいろな ふね (2)

なまえ

ぎょせんは、さかなを とる ための ふねです。

この ふねは、さかなの むれを みつける きかいや、あみを つんで います。

みつけた さかなを あみで とります。

①

しょうぼうていは、ふねの 火じを けす ための ふねです。

この ふねは、ポンプや ホースを つんで います。

火じが あると、水や くすりを かけて、火を けします。

いろいろな ふねが、それぞれの やくめに あうように つくられて います。

②

（東京書籍　新編あたらしいこくご一年（下））

うえの ぶんを よんで こたえましょう。

(1) さかなを とる ための ふねを なんと いいますか。 ⑩

（　　　　）

(2) ぎょせんに つんで あるものを かきましょう。 ⑮

（　　　　）

(3) ①の ふねの えは、うみに あみを はって いますが、なにを とる ためですか。 ⑮

（　　　　）

(4) しょうぼうていは、なにを する ための ふねですか。 ⑮

（　　　　）

(5) しょうぼうていには、なにが つんで ありますか。 ⑮

（　　　　）

(6) しょうぼうていは、どのようにして 火を けしますか。 ⑮

（　　　　）

(7) ②の ふねの えで、ホースなどから ふきだして いるものは なんですか。 ⑮

（　　　　）

じゃんけん

なまえ

「じゃんけん、ぽん。」
「あいこでしょ。」
じゃんけんを　する　とき、「グー」「チョキ」「パー」の　どれかを　出します。どれを　出しても、かったり　まけたり　します。どうしてでしょう。

「グー」は、石を　あらわして　います。「チョキ」は　はさみ、「パー」は　かみを　あらわして　います。

「グー」は、「チョキ」に　かちます。石は、はさみでは　きれません。

「チョキ」は、「パー」に　かちます。はさみは、かみを　きる　ことが　できます。

「パー」は、「グー」に　かちます。かみは、石を　つつんで　しまうからです。

このように、「グー」「チョキ」「パー」の　どれも、ほかの　二つの　うちの　一つには　かちます。でも、のこりの　一つには　まけるように　なって　います。

（東京書籍　新編　あたらしいこくご二年(下)　）

うえの　ぶんを　よんで　こたえましょう。

(1) じゃんけんで、はさみを　あらわして　いるのは　なんですか。(15)

(2) じゃんけんで、かみを　あらわして　いるのは　なんですか。(15)

(3) じゃんけんを　する　とき、「グー」は　なにを　あらわしますか。(10)

(4) 「グー」が「チョキ」に　かてるのは　どうしてでしょう。(15)

(5) 「パー」は、どうして「チョキ」に　まけるのでしょう。(15)

(6) 「パー」が「グー」に　かてるのは　どうしてでしょう。(15)

(7) 「グー」「チョキ」「パー」は　どんな　しくみに　なっていますか。(15)

なにが かくれて いるのでしょう

なまえ

ばらの　きに、なにか　います。

なにが　かくれて　いるのでしょう。

しゃくとりむしが
かくれて　いるのです。

かれはの　なかに、
なにか　います。

なにが　かくれて
いるのでしょう。

このはちょうが
かくれて　いるのです。

はねを　とじると、
かれはと　そっくりに
なります。

じょうずに　かくれる
ことの　できる　むしは、
ほかにも　いろいろ　います。

（教育出版　しょうがくこくご　ひろがることば　一年（上））

うえの　ぶんを　よんで　こたえましょう。

(1) ばらの　きに、なにが　かくれて　いるのでしょう。 (15)

（　　　　）

(2) かれはの　なかに、なにが　かくれて　いるのでしょう。 (15)

（　　　　）

(3) このはちょうは、どうすると　かれはと　そっくりに　なりますか。 (20)

（　　　　）

(4) むしが　じょうずに　かくれる　ことが　できるのは、なんの　ためでしょう。 (20)

（　　　　）

(5) あ・いの　それぞれの　えを　みて、（　）に　あか　いを　かきいれましょう。 (15×2)

① このはちょうが　かくれて　いる　（　　）

② しゃくとりむしが　かくれて　いる　（　　）

はたらく じどう車 (1)

なまえ

じどう車には、いろいろな ものが あります。どの じどう車も、つかいみちに あわせて つくって あります。

バスは、大ぜいの おきゃくを のせて はこぶ じどう車です。ですから、たくさんの ざせきが あります。つりかわや 手すりも ついて います。バスは、きまった じこくに、きまった みちを はしります。

コンクリートミキサー車は、なまコンクリートを はこぶ じどう車です。ですから、大きな ミキサーを のせて います。なまコンクリートが かたまらないように、ミキサーを ぐるぐる まわしながら はしります。

（教育出版 しょうがくこくご ひろがることば 一年(下)）

うえの ぶんを よんで こたえましょう。

(1) 大ぜいの おきゃくを のせて はこぶ じどう車は なにですか。⑮

(2) バスの なかには、どんな ものが ついていますか。⑮

(3) バスは、どういうふうに はしって いますか。⑳

(4) コンクリートミキサー車は なにを する じどう車ですか。⑮

(5) ミキサーの なかには なにが はいって いるのでしょう。⑮

(6) ミキサーを ぐるぐる まわしながら はしるのは なぜですか。⑳

はたらく じどう車 (2)

なまえ

ショベルカーは、こうじを する ときに つかう じどう車です。

ですから、てつで できた、ながい うでと じょうぶな バケットを もって います。

うでと バケットを うごかして、じめんを ほったり、けずったり します。

ポンプ車は、火じを けす ときに つかう じどう車です。

ですから、ホースや はしごを つんで います。

また、ホースを はこぶ 車も のせて います。

火じばでは、いけや しょう火せんなどから 水を すいあげて、火を けします。

（教育出版 しょうがくこくご ひろがることば 一年(下)）

うえの ぶんを よんで こたえましょう。

(1) ショベルカーは、どんな ときに つかう じどう車ですか。 (10)

（　　　　）

(2) ショベルカーには、なにが ついて いますか。二つ かきましょう。 (10×2)

（　　　）（　　　）

(3) うでと バケットは、なにを する ときに つかいますか。 (15)

（　　　　）

(4) 火じを けす ときに つかう じどう車は なにですか。 (10)

（　　　）

(5) ポンプ車に つんで あるものを 三つ かきましょう。 (10×3)

（　　　）（　　　）（　　　）

(6) ポンプ車は、どのようにして 火を けしますか。 (15)

（　　　　）

みぶりで つたえる ⑴

なまえ

くびを たてに ふると 「はい」、よこに ふると 「いいえ」、よこに かたむけると 「よく わからない」と いう いみに なります。くちびるに 人さしゆびを あてると 「しずかに しよう」と いう いみに なります。

このような とき、みぶりは ことばの かわりを して います。

ともだちに、

「大きな さつまいもを ほったよ。」

と はなす とき、さつまいものながさや ふとさを りょう手で あらわせば、その 大きさが よく つたわります。あたまを 下げながら、

「ありがとう ございます。」

と いうと、おれいの きもちが よく つたわります。

このように、みぶりと ことばを いっしょに つかうと、じぶんの つたえたい ことが、あいてに はっきりと つたわるのです。

（教育出版 ひろがることば しょうがくこくご一年(下) のむら まさいち）

うえの ぶんを よんで こたえましょう。

⑴ くびを たてに ふると、どういう いみに なりますか。⑮

（　　　　）

⑵ 「よく わからない」と いう いみに なるのは、くびを どうした ときですか。⑮

（　　　　）

⑶ 「しずかに しよう」と いう いみの みぶりは どうしますか。⑮

（　　　　）

⑷ さつまいもの 大きさを よく つたえるには どんな みぶりを すれば よいですか。⑮

（　　　　）

⑸ おれいの きもちを よく つたえたいときは、どうすれば よいでしょうか。⑳

（　　　　）

⑹ じぶんの つたえたい ことを、あいてに はっきりと つたえたいときは、どうすれば よいでしょうか。⑳

（　　　　）

みぶりで つたえる (2)

なまえ

また、みぶりは、ことばよりも きもちを つよく あらわす ことが あります。

うれしい ときには、りょう手を 上げて ばんざいを します。こまった ときには、うでを くんだり、あたまに 手を あてたり します。

このように、うれしい、たのしい、かなしい、こまったなどの きもちは、みぶりで あらわす ほうが よく つたわる ことが あります。

わたしたちは、じぶんの きもちや かんがえを、まわりの 人と つたえあって くらして います。ことばだけで なく、みぶりを じょうずに つかうと、つたえたい きもちや かんがえを はっきりと あらわせるように なるのです。

（教育出版 ひろがることば しょうがくこくご一年(下) のむら まさいち）

うえの ぶんを よんで こたえましょう。

(1) うれしい ときには、どんな みぶりを しますか。 (15)

（　　　　）

(2) こまった ときには、どんな みぶりを しますか。 (15)

（　　　　）

(3) ことばよりも みぶりで あらわす ほうが よく つたわるのは どんな きもちですか。四つ かきましょう。 (5×4)

（　　）（　　）（　　）（　　）

(4) じぶんの きもちや かんがえを、まわりの 人に つたえるために、なにを つかいますか。二つ かきましょう。 (15×2)

（　　）（　　）

(5) じぶんの かんがえを はっきりと あらわせるように する ためには どうしたら よいですか。 (20)

（　　　　）

いきものの あし (1)

なまえ

これは、なんの あしでしょう。

㋐

これは、あひるの あしです。あしの ゆびの あいだには、みずかきが ついています。□、みずの なかを、すいすいと およぐ ことが できます。

これは、なんの あしでしょう。

㋑

これは、らいおんの あしです。あしの うらには、まるくて やわらかい ものが ついています。□、あしおとを たてずに、えものに そっと ちかづく ことが できます。

うえの ぶんを よんで こたえましょう。

(1) あひるの あしは どうなって いますか。
（　　　）⑮

(2) あひるの あしは、なにを するのに つごうよく できて いますか。
（　　　）⑮

(3) らいおんの あしは どうなって いますか。
（　　　）⑮

(4) らいおんの あしは、なにを するのに つごうよく できて いますか。
（　　　）⑮

(5) □には おなじ ことばが はいります。あてはまる ことばに ○を しましょう。⑩

それから　　だから　　それで

(6) ㋐㋑の えを みて、（　）に ㋐か㋑を かきいれましょう。(15×2)

① まるくて やわらかい ものが ついて いる。（　）

② みずの なかを、すいすいと およぐ ことが できる。（　）

学校図書 みんなとまなぶ しょうがっこうこくご一年（上）

いきものの あし (2)

なまえ

これは、なんの あしでしょう。

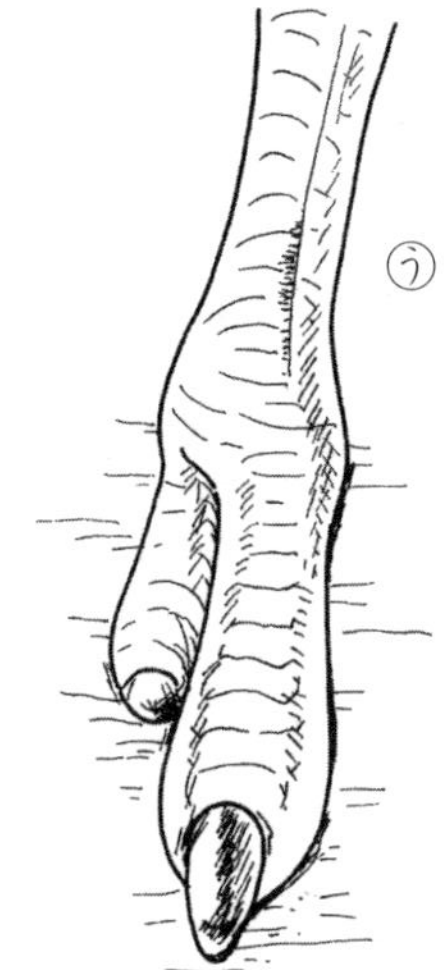

㋒

［①］、だちょうの あしです。あしには、がっちりした ゆびが にほん ついて います。［②］、じめんを つよく けって、はやく はしる ことが できます。

うえの ぶんを よんで こたえましょう。

(1) ㋒の えは、なんの あしでしょう。⑳

（　　　　）

(2) だちょうの あしには、なにが ついて いますか。⑳

（　　　　）

(3) なぜ だちょうは はやく はしる ことが できるのですか。⑳

（　　　　）

(4) ①②の □に あてはまる ことばに それぞれ ○を しましょう。(20×2)

① これは　どれは　あれは

② それから　だから　それでも

まめ (1)

なまえ

この 中に、あなたの しって いる まめが ありますか。

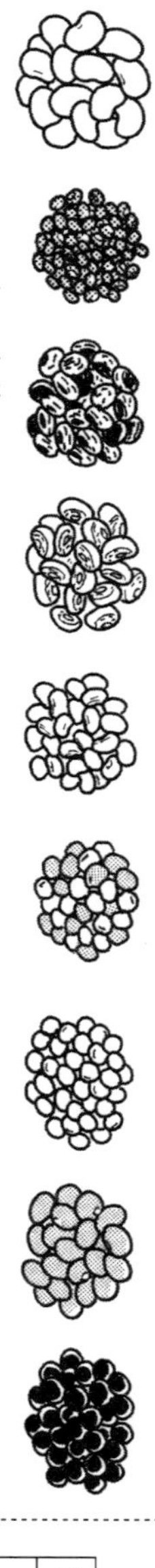

①まめは たねです。生きて います。

まめを まいて、水を やりましょう。なん日か すると、土が もりあがって、めが 出て きます。［　　］、小さな はが 出て、くきが のびます。やがて はの かずが つぎつぎと ふえて いきます。

つぎの ぶんを よんで こたえましょう。

(1) まめは なんですか。あてはまる ことばに ○を しましょう。

たね　　はな　　くき

(2) まめを まいて、水を やると、どうなりますか。

（　　　　　　）

(3) めが 出て くると、つぎは どうなりますか。

（　　　　　　）

(4) はの かずは どうなって いきますか。

（　　　　　　）

(5) ［　］に あてはまる ことばに ○を しましょう。

それでも　　どんどん　　それで

(6) ①まめは たねです。生きて います。 とありますが、生きて いる ことが わかる ぶんを ぬきがきしましょう。

（　　　　　　）

まめ ②

なまえ

しばらく すると、花が さきます。

花が さく

花が さいた あとに、あたらしい まめが できます。

まめは、さやに つつまれて そだちます。

まめが できる

まめは、じゅうぶんに みのると、さやから はなれます。

はなれた まめを よく 見ると、どの まめにも、へそが あります。ここで さやに つながって、そだって いたのです。

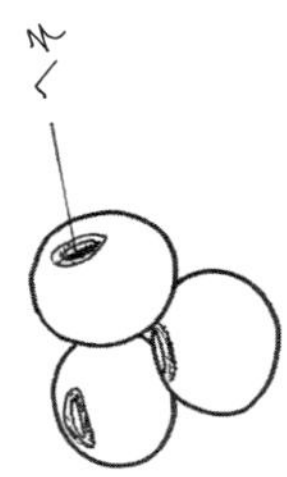

まめは たねです。土に まくと、あたらしい まめが できるのです。

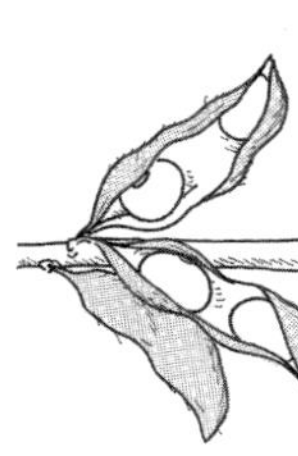

さやと まめ

（学校図書 みんなと まなぶ しょうがっこうこくご 一年（下））

うえの ぶんを よんで こたえましょう。

(1) 花が さいた あとに、なにが できますか。 (20)

（　　　　）

(2) まめは、どのように して そだちますか。 (15)

（　　　　）

(3) まめは、じゅうぶんに みのると、どう なりますか。 (15)

（　　　　）

(4) どの まめにも、なにが ありますか。 (15)

（　　　　）

(5) さやに つながって いたのは なにですか。 (15)

（　　　　）

(6) どうして まめは たねだと わかるのですか。 (20)

（　　　　）

おにごっこ (1)

なまえ

あなたは、おにごっこを　した
ことが　あるでしょう。
おにごっこは、おにに　なった
人が、ほかの　人を　おいかけたり
さがしたり　する　あそびです。
おにごっこには、いろいろな　あ
そびかたが　あります。

かげふみは、おにが　に
げる　人の　かげを　ふも
うと　して　おいかける
あそびです。おにに　かげ
を　ふまれると、その　人
が　おにに　なります。
かげふみは、かげが　じ
めんに　はっきり　うつる、
天気の　よい　日に　する
あそびです。

かくれんぼは、おにが、
かくれた　人を　さがす
あそびです。
まず、おにが、目を　つ
ぶり、かずを　かぞえます。
その　あいだに、ほかの
人は　かくれます。つぎに、
おにが　かくれた　人を
さがしに　いきます。みん
なが　見つかったら、はじ
めに　見つかった　人が、
つぎの　おにに　なります。

（学校図書　みんなとまなぶ　しょうがっこうこくご一年(下)　わく　ようぞう）

うえの　ぶんを　よんで　こたえましょう。

(1) おにが　にげる　人の　かげを　ふもうと　して　おいかける　あそびは　なにですか。
（　　　　　）⑮

(2) かげふみで、おにに　なるのは　どんな　人ですか。
（　　　　　）⑮

(3) かげふみは、どんな　日に　する　あそびですか。
（　　　　　）⑳

(4) おにが、かくれた　人を　さがす　あそびは　なにですか。
（　　　　　）⑮

(5) かくれんぼで、おにで　ない　人は　いつ　かくれますか。
（　　　　　）⑮

(6) かくれんぼで、おにに　なるのは　どんな　人ですか。
（　　　　　）⑳

おにごっこ (2)

なまえ

　手つなぎおには、おにが　手を　つないで、にげる　人を　おいかける　あそびです。

　はじめに、ふたりの　おにを　きめます。つぎに、おには、手を　つないで、ほかの　人を　おいかけます。そして、おにに　つかまった　人は、つぎつぎに　手を　つないで、ほかの　人を　おいかけます。さいごの　人が　つかまったら、また　あたらしく　おにを　きめます。

　おにごっこは、おとうさんや　おかあさん、おじいさんや　おばあさんも　して　きた　あそびです。あなたは、どんな　おにごっこを　して　いますか。

うえの　ぶんを　よんで　こたえましょう。

(1) 手つなぎおには、どんな　あそびですか。（　　　　）⑳

(2) はじめに、なにを　きめますか。（　　　　）⑮

(3) おには、どのようにして、ほかの　人を　おいかけますか。（　　　　）⑮

(4) おにに　つかまった　人は、どうしますか。（　　　　）⑮

(5) さいごの　人が　つかまったら、どうしますか。（　　　　）⑮

(6) おにごっこは、どんな　人が　して　きた　あそびだと　かいて　ありますか。四つ　かきましょう。（5×4）

（　　）（　　）

（　　）（　　）

（学校図書　みんなとまなぶ　しょうがっこうこくご一年(下)　わく　ようぞう）

だいじな　たまご

なまえ

つばめが、のきしたに　すを　つくって　います。たまごを　うむ　ためです。

つばめは、どうして　のきしたに　たまごを　うむのでしょう。

たまごを　あめなどから　まもる　ためです。

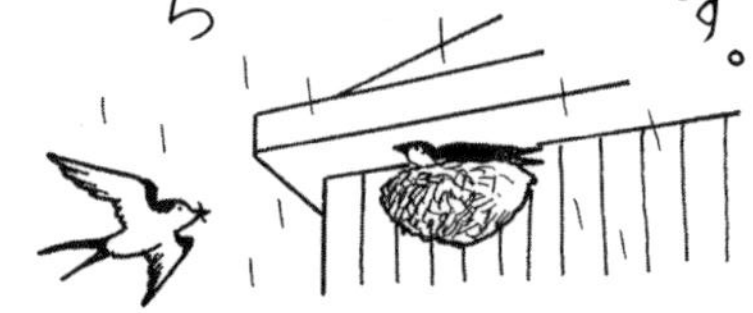

いしがめが、ひあたりの　よい　ところに　あなを　ほって　います。たまごを　うむ　ためです。

いしがめは、どうして　ひあたりの　よい　ところに　たまごを　うむのでしょう。

たまごを　たいように　あたためて　もらう　ためです。

あげはが、みかんの　きの　はに　とまって　います。たまごを　うむ　ためです。

あげはは、どうして　みかんの　きの　はに　たまごを　うむのでしょう。

ようちゅうが、はを　たべて　おおきく　なるように　する　ためです。

うえの　ぶんを　よんで　こたえましょう。

(1) つばめは、どこに　すを　つくりますか。（15）

(2) つばめは、どうして　のきしたに　たまごを　うむのでしょう。（15）

(3) いしがめは、どうして　ひあたりの　よい　ところに　あなを　ほるのでしょう。（20）

(4) いしがめは、どうして　ひあたりの　よい　ところに　たまごを　うむのでしょう。（20）

(5) ① あげはは、どこに　たまごを　うみますか。（15×2）

② それは　どうしてですか。

たねの たび (1)

なまえ

草や 木の たねには、たびを する ものが あります。どんな ふうに たびを するのでしょうか。

たんぽぽを みて ください。わたげの 下に たねが ついて います。わたげで かぜに のって たびを します。

おなもみの みを みて ください。とげの ついた みの 中に、たねが はいって います。とげで どうぶつたちに くっついて たびを します。

（大阪書籍 しょうがくこくご一年(下)）

うえの ぶんを よんで こたえましょう。（(1)～(5)まで 各20）

(1) たんぽぽの たねは どこに ついて いますか。

（　　　　　　　　）

(2) たんぽぽの たねは どうやって たびを しますか。

（　　　　　　　　）

(3) たんぽぽの たねの ぶぶんに いろを ぬりましょう。

(4) おなもみの たねは どこに ありますか。

（　　　　　　　　）

(5) おなもみの たねは どうやって たびを しますか。

（　　　　　　　　）

たねの たび ⑵

なまえ

ななかまどの　みを
みて　ください。赤い
みの　中に、やっぱり
たねが　あります。赤い
みが　ことりたちに
たべられると、たねは、
ことりと　いっしょに
たびを　します。そして、
ふんに　まじって
出て　きます。

　このように、おおくの
たねは、たびを　しやすい
ふくを　きて、とおい
ところへ　たびを
します。
　そして、そこで　めを
出し、草や　木に　なる
のです。

うえの　ぶんを　よんで　こたえましょう。（⑴〜⑸まで　各20）

⑴　ななかまどの　たねは　どこに
ありますか。

（　　　　　　　　　　）

⑵　ななかまどの　たねは　だれと
いっしょに　たびを　しますか。

（　　　　　　　　　　）

⑶　ななかまどの　たねは、ことりたちに
たべられた　あと　どうなりますか。

（　　　　　　　　　　）

⑷　おおくの　たねは、とおい　ところ
へ　たびを　するため、どうなって
いますか。

（　　　　　　　　　　）

⑸　たびを　した　たねは　どうなり
ますか。

（　　　　　　　　　　）

かみコップ人ぎょう (1)

なまえ

かみコップで、人ぎょうを つくりましょう。
　かみコップの そこが 口の かたちに なって、糸を ひっぱる ことで、口が ぱくぱく うごく 人ぎょうです。人や どうぶつが はなしたり うたったり して いるような かみコップ人ぎょうを つくって あそびましょう。
　白い かみコップを 一つと、二十センチメートルほどの たこ糸、えんぴつ、はさみ、フェルトペンを よういします。
　はじめに、①の ずのように、はさみで 二かしょ、かみコップの そこまで きりこみを 入れます。きりこみを 入れたら、②の ずのように、ていねいに おりまげます。

①
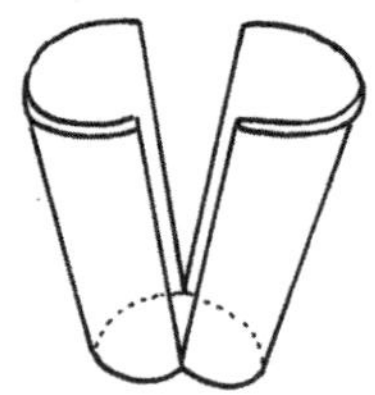

②
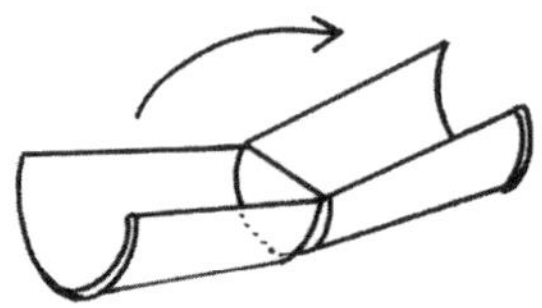

うえの ぶんを よんで こたえましょう。

(1) かみコップ人ぎょうの、口に なるのは どこですか。 (15)

(2) 糸を ひっぱると どうなりますか。 (20)

(3) どんな かみコップ人ぎょうを つくって あそびましょうと かいて ありますか。 (20)

(4) かみコップ人ぎょうを つくるのに よういするものを 五つ かきましょう。 (5×5)

(5) はじめに なにを しますか。 (20)

かみコップ人ぎょう(2)

なまえ

（大阪書籍　しょうがくこくご一年(下)　きむら けん）

つぎに、③の ずのように、フェルトペンで かみコップに すきな かおや からだを かきます。その あと、④の ずのように、はさみで かおの かたちに あわせて きりとります。

③

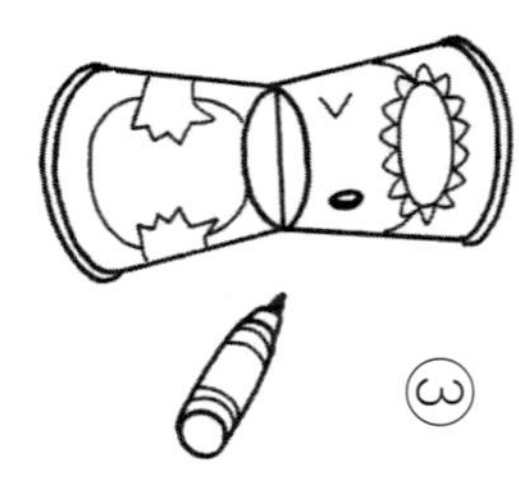

④

さいごに、⑤の ずのように、えんぴつで かみコップの そこに 二かしょ、あなを あけ、たこ糸を とおします。糸の はしに、きりとった かみコップの ぶちを むすんで、ぬけないように します。

これで、かみコップ人ぎょうの できあがりです。

⑤

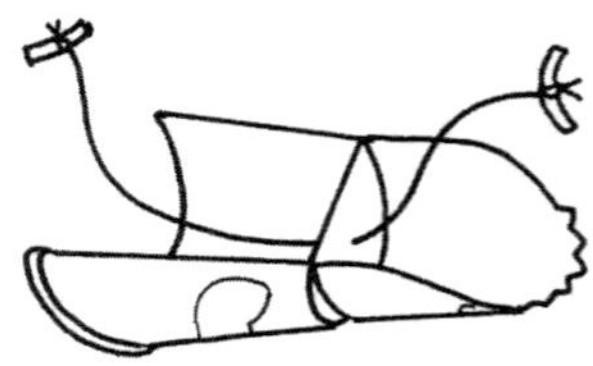

できあがったら、人ぎょうげきを したり うたを うたったりして、あそびましょう。

つぎの ぶんを よんで こたえましょう。（(1)〜(5)まで 各20）

(1) ③の ずで、かおや からだを かくとき、なにを つかいますか。

（　　　　　　）

(2) ④の ずでは、なにを つかいますか。

（　　　　　　）

(3) えんぴつは なにを するために つかいますか。

（　　　　　　）

(4) 二かしょの あなに なにを とおしますか。

（　　　　　　）

(5) 糸の はしに、きりとった かみコップの ぶちを むすぶのは、どうしてですか。

（　　　　　　）

思考力・表現力・活用力を高め、
よりPISA型をめざした

全文読解力問題

じどう車くらべ

なまえ

いろいろな　じどう車が、
どうろを　はしって　います。
それぞれの　じどう車は、
どんな　しごとを　して
いますか。
その　ために、どんな
つくりに　なって　いますか。

1

バスや　じょうよう車は、
人を　のせて　はこぶ
しごとを　して　います。
その　ために、
ざせきの　ところが、
ひろく　つくって　あります。
そとの　けしきが
よく　みえるように、
大きな　まどが
たくさん　あります。

2

トラックは、
にもつを　はこぶ
しごとを　して　います。
その　ために、
うんてんせきの　ほかは、
ひろい　にだいに　なって
います。
おもい　にもつを
のせる　トラックには、
タイヤが　たくさん
ついて　います。

3

クレーン車は、
おもい　ものを
つりあげる　しごとを　して
います。
その　ために、
じょうぶな　うでが、のびたり
うごいたり　するように、
つくって　あります。
車たいが　かたむかないように、
しっかりした　あしが、
ついて　います。

4

きゅうきゅう車は、けがを
した　人や、びょうきの　人を、
びょういんへ　はこぶ　しごと
を　して　います。
その　ために、うんてんせき
の　うしろは、人を
ねかせることが
できるように
なって　います。

（光村図書　こくご一年（上）かざぐるま）

じどう車くらべ

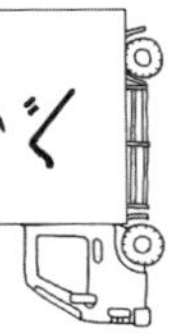

なまえ

「じどう車くらべ」を よんで こたえましょう。

(1) 1～4の ぶんでは、それぞれ どんな じどう車に ついて かいて ありますか。じどう車の なまえを（　）に かきましょう。（8×5）

1（　　　　）（　　　　）
2（　　　　）
3（　　　　）
4（　　　　）

(2) ① 1～4のうちで、あなたが いちばん のって みたい じどう車は どれですか。（8）（　　　　）

② ①で えらんだ じどう車に のって みたい わけを かきましょう。（10）

（　　　　）

(3) 「バス」と 「じょうよう車」の ちがいを かきましょう。（10）

（　　　　）

(4) つぎの ときは、どの じどう車が よいでしょう。（　）に かきましょう。（8×4）

① 「たいへんだ。おとうとが やけど した。」（　　　　）

② 「きょうは うれしい えんそくだ。」（　　　　）

③ 「ビルの こうじを しているよ。」（　　　　）

④ 「たくさんが ひっこし するんだって。」（　　　　）

どうぶつの はな

なまえ

たいへんです。
かいじゅうが
あらわれました。

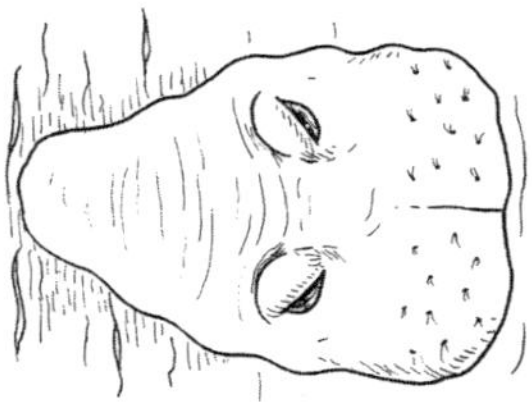

こっちを にらんで います。
どう しましょう。

これは、かばの はなです。
かばは、かわや ぬまの
ちかくに すんで います。
かばは、はなの あなを
とじる ことが できます。
みずに もぐる とき、
はなの あなを とじて、
みずが はいらないように します。

ほかにも へんな はなが、
いろいろ あります。

これは、なんの はなでしょう。

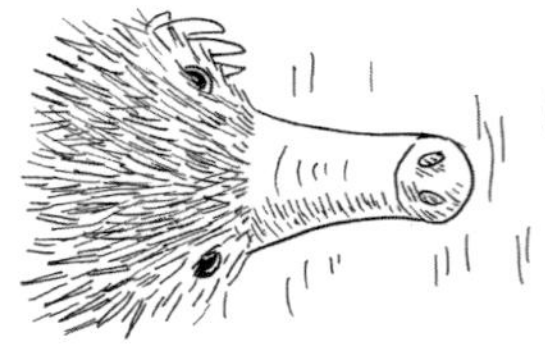

これは、はりもぐらの
はなです。
はりもぐらは、おちばや
つちの なかに いる、
ありや しろありを たべます。
はりもぐらは、ながく
つきでた はなの さきで、
おちばや つちを かきわけて、
ありや しろありを みつけます。

これは、なんの
はなでしょう。

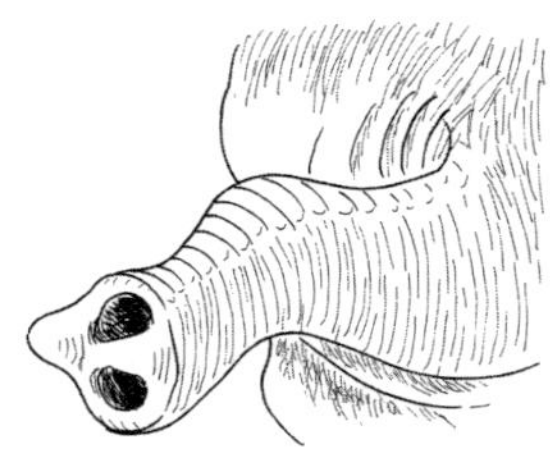

これは、ぞうの はなです。
ぞうの はなは、ながくて、
いろいろな むきに まがります。
はなを じょうずに
つかって、えさを たべたり、
みずを あびたり します。

（東京書籍 新編 あたらしいこくご一年(上) こみやま ひろし）

どうぶつの はな

なまえ

「どうぶつの はな」を よんで こたえましょう。

(1) あいうの はなは、それぞれ なにの どうぶつの はなですか。(8×3)

あ

い

う

あ（　　　）　い（　　　）　う（　　　）

(2) あいうの それぞれの どうぶつの はなの あなに、あかえんぴつで いろを ぬりましょう。(8×3)

(3) あいうの それぞれの どうぶつの はなの えを みて、つぎの もんだいに こたえ、（　）に あかいかうと かきましょう。

① いちばん はなが ながい どうぶつは どれですか。(6)（　　　）

② はなの あなを とじることが できない どうぶつは どれですか。(8×2)（　　　）（　　　）

(4) あなたの はなと、いの どうぶつの はなとでは、どういう ところが ちがいますか。(10)

（　　　　　　　　　　）

(5) あなたの はなと、うの どうぶつの はなとでは、どういう ところが ちがいますか。(10)

（　　　　　　　　　　）

(6) あなたの はなは どんな ときに つかいますか。(10)

（　　　　　　　　　　）

いろいろな ふね

なまえ

ふねには、いろいろな ものが あります。

きゃくせんは、たくさんの 人を はこぶ ための ふねです。

この ふねの 中には、きゃくしつや しょくどうが あります。

人は、きゃくしつで 休んだり、しょくどうで しょくじを したり します。

フェリーボートは、たくさんの 人と じどう車を いっしょに はこぶ ための ふねです。

この ふねの 中には、きゃくしつや 車を とめて おく ところが あります。

人は、車を ふねに 入れてから、きゃくしつで 休みます。

ぎょせんは、さかなを とる ための ふねです。

この ふねは、さかなの むれを みつける きかいや、あみを つんで います。

みつけた さかなを あみで とります。

しょうぼうていは、ふねの 火じを けす ための ふねです。

この ふねは、ポンプや ホースを つんで います。

火じが あると、水や くすりを かけて、火を けします。

いろいろな ふねが、それぞれの やくめに あうように つくられて います。

（東京書籍　新編あたらしいこくご一年（下））

いろいろな ふね

なまえ

「いろいろな ふね」を よんで こたえましょう。

(1) つぎの えを みて、ふねの なまえを かきましょう。（10×4）

（　　　　）

（　　　　）

（　　　　）

（　　　　）

(2) ① (1)の なかで、あなたが いちばん きに いった ふねは どれですか。（15×2）

（　　　　）

② えらんだ わけを かきましょう。

（　　　　）

(3) 「きゃくせん」と 「フェリーボート」の ちがいを かきましょう。（15）

（　　　　）

(4) なぜ ふねには いろいろな しゅるいが あるのでしょう。ただしいものに 一つ ○を しましょう。（15）

（　）それぞれの やくめに あうように つくられて いるから。

（　）それぞれの ばしょに あうように つくられて いるから。

（　）それぞれの 大きさに あうように つくられて いるから。

みぶりで つたえる

なまえ

こうえんの むこうで、ともだちが 手を ふって います。わたしを よんで いるのです。わたしも 手を ふって こたえます。そして、ともだちの ところへ かけて いきます。

このように、わたしたちは、ことばだけでは なく、みぶりでも、きもちや かんがえを あいてに つたえる ことが できます。

くびを たてに ふると 「はい」、よこに ふると 「いいえ」、よこに かたむけると 「よく わからない」と いう いみに なります。くちびるに 人さしゆびを あてると 「しずかに しよう」と いう いみに なります。

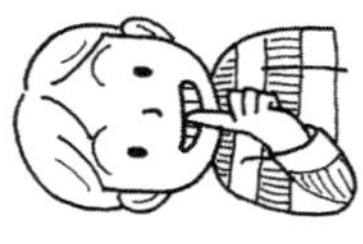

このような とき、みぶりは ことばの かわりを して います。

ともだちに、

「大きな さつまいも を ほったよ。」

と はなす とき、さつまいもの ながさや ふとさを りょう手で あらわせば、その 大きさが よく つたわります。あたまを 下げながら、

「ありがとう ございます。」

と いうと、おれいの きもちが よく つたわります。

このように、みぶりと ことばを いっしょに つかうと、じぶんの つたえたい ことが、あいてに はっきりと つたわるのです。

また、みぶりは、ことばよりも きもちを つよく あらわす ことが あります。

うれしい ときには、りょう手を 上げて ばんざいを します。こまった ときには、うでを くんだり、あたまに 手を あてたり します。

このように、うれしい、たのしい、かなしい、こまったなどの きもちは、みぶりで あらわす ほうが よく つたわる ことが あります。

わたしたちは、じぶんの きもちや かんがえを、まわりの 人と つたえあって くらして います。ことばだけで なく、みぶりも じょうずに つかうと、つたえたい きもちや かんがえを はっきりと あらわせるように なるのです。

（教育出版 ひろがることば しょうがくこくご一年(下) のむら まさいち）

みぶりで つたえる

なまえ

「みぶりで つたえる」を よんで こたえましょう。

(1) つぎの みぶりは、どんな いみを あらわしていますか。あうものを ——で つなぎましょう。 (10×4)

くびを よこに ふる ・	・ いいえ
くちびるに 人さしゆびを あてる ・	・ はい
くびを よこに かたむける ・	・ しずかに しよう
くびを たてに ふる ・	・ よく わからない

(2) みぶりと ことばを いっしょに つかうと、つたえたいことが はっきり つたわる れいを、みぶりの（ ）に かきましょう。 (10×2)

ことば		みぶり
「大きな さつまいもを ほったよ。」	＝	（ ）
「ありがとう ございます。」	＝	（ ）

(3) みぶりが、ことばよりも きもちを つよく あらわす れいを ぶんの 中から さがして、二つ かきましょう。 (15×2)

（ ）

（ ）

(4) あなたは どんな ときに みぶりを つかって つたえますか。一つ かきましょう。 (10)

（ ）

いきものの あし

なまえ

これは、なんの あしでしょう。

これは、あひるの あしです。

あしの ゆびの あいだには、みずかきが ついて います。

だから、みずの なかを すいすいと およぐ ことが できます。

これは、なんの あしでしょう。

これは、らいおんの あしです。

あしの うらには、まるくて やわらかい ものが ついて います。

だから、あしおとを たてずに、えものに そっと ちかづく ことが できます。

これは、なんの あしでしょう。

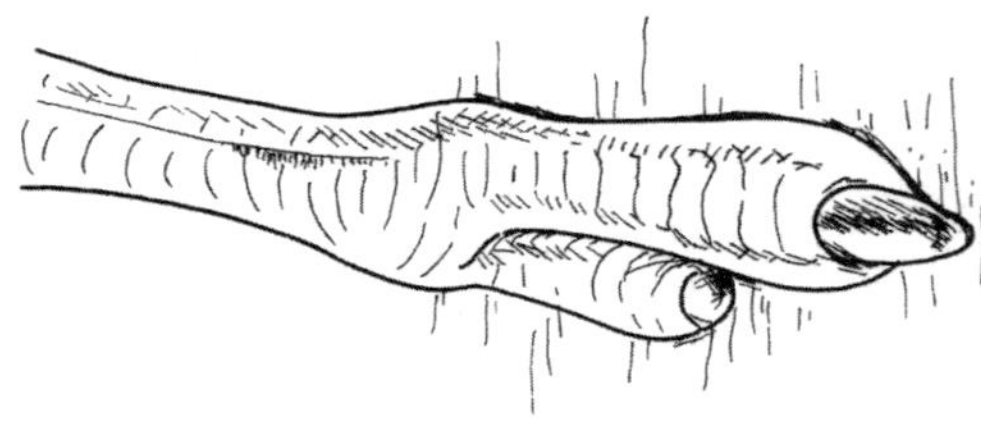

これは、だちょうの あしです。

あしには、がっちりした ゆびが にほん ついて います。

だから、じめんを つよく けって、はやく はしる ことが できます。

いきもの の あし

なまえ

「いきもの の あし」を よんで こたえましょう。

(1) 3びきの どうぶつが でてきます。なまえを かきましょう。（8×3）

①（　　　）②（　　　）③（　　　）

(2) 3びきの どうぶつの あしの ことが かいて あります。ぶんと どうぶつの なまえと あしの えを ――で つなぎましょう。（5×6）

まるくて やわらかい ものが ついて いる。 ・　　・あひる・　　・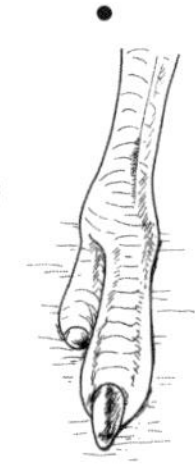

みずかきが ついて いる。 ・　　・らいおん・　　・

がっちりした ゆびが にほん ついて いる。 ・　　・だちょう・　　・

(3) 3びきの どうぶつの あしの えを みて、つぎの（ ）に どうぶつの なまえを かきましょう。（8×2）

① みずが ある ところに いる どうぶつは どれですか。（　　　）

② えものを おそう どうぶつは どれですか。（　　　）

(4) あなたの あしと、あひるの あしを くらべると、どこが ちがいますか。ちがう ところを かきましょう。⑩

（　　　）

(5) あなたの あしと、らいおんの あしを くらべると、どこが ちがいますか。ちがう ところを かきましょう。⑩

（　　　）

(6) 「いきもの の あし」を よんで あなたが おもったことや かんがえたこと などを かきましょう。⑩

（　　　）

たねの たび

なまえ

　草や 木の たねには、たび を する ものが あります。どんな ふうに たびを する のでしょうか。

　たんぽぽを みて ください。わたげの 下に たねが つい て います。わたげで かぜに のって たびを します。

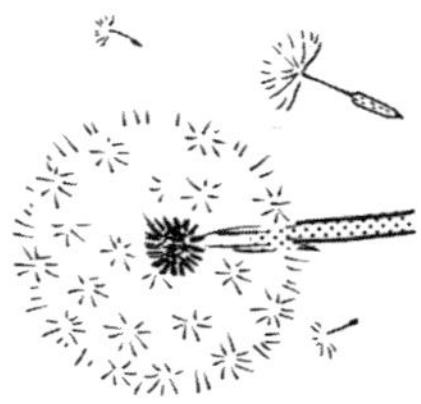

　おなもみの みを みて く ださい。とげの ついた みの 中に、たねが はいって いま す。とげで どうぶつたちに くっついて たびを します。

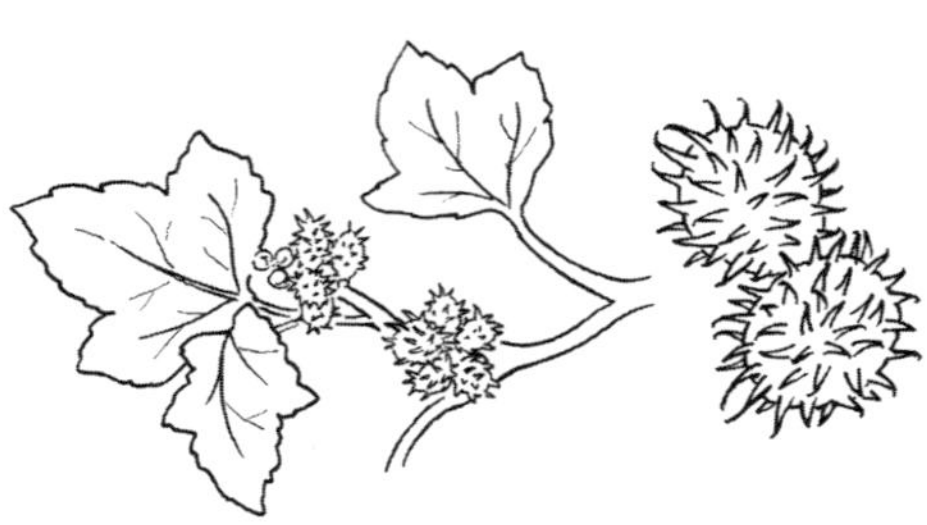

　ななかまどの みを みて ください。赤い みの 中に、やっぱり たねが あります。赤い みが ことりたちに たべられると、たねは、 ことりと いっしょに たびを します。そして、 ふんに まじって 出て きます。

　このように、おおくの たねは、たびを しやすい ふくを きて、とおい ところへ たびを します。

　そして、そこで めを 出し、草や 木に なる のです。

（大阪書籍　しょうがくこくご一年(下)）

たねの たび

なまえ

「たねの たび」を よんで こたえましょう。

(1) たびを する たねには どんな ものが あると かいて ありますか。ぜんぶ かきましょう。(20)

(　　　　　　　　　　)

(2) 下の えの どこに たんぽぽの たねが ありますか。たねに いろを ぬりましょう。(10)

(3) たねの たびの しかたを それぞれ かきましょう。(10×3)

たんぽぽ (　　　　　　　　　　)

おなもみ (　　　　　　　　　　)

ななかまど (　　　　　　　　　　)

(4) おおくの たねは、たびを しやすい ふうを きています。①～③の たねは それぞれ どんな たびを しやすい ふうを きていますか。(10×3)

① たんぽぽの たね (　　　　　　　　　　)

② おなもみの たね (　　　　　　　　　　)

③ ななかまどの たね (　　　　　　　　　　)

(6) 「たねの たび」を よんで あなたが おもった ことや かんがえた ことなどを かきましょう。(10)

(　略　)

（　　　　　　　　　　　　　　　　）なまえ

授業の発問事例・視写・音読
テスト・読解練習等に使える

詩

はる

なまえ［　　　　　　］

はる

①
はるの　はな
さいた
あさの　ひかり
きらきら

②
おはよう
おはよう
みんな　ともだち
いちねんせい

（光村図書　こくご一年（上）　かざぐるま　なかがわ　りえこ）

うえの　しを　よんで　こたえましょう。

(1) おはようと　いって　いるのは　だれ　ですか。

（　　　　）

(2) みんなは　なんねんせい　ですか。

（　　　　）

(3) ①の　ぶんには　なにの　ようすが　かかれて　いますか。

（　　　　）の　ようす

(4) ②の　ぶんには　なにの　ようすが　かかれて　いますか。

（　　　　）の　ようす

(5) この　しを　よんで　おもったことや　かんじたことを　かきましょう。

（　　　　）

くもは がようし

なまえ［　　　　　　　　　　　　　　］

くもは　がようし

しろい　くもは
ゆめを　かく　がようし
どんなに　たくさん
かいても
いいですよって
やさしく　そらに
うかんでる

しろい　くもに
なにを　かこうか
かんがえる
おおきく　なったら
したい　ことや
いつか　きっと
なりたい　もの

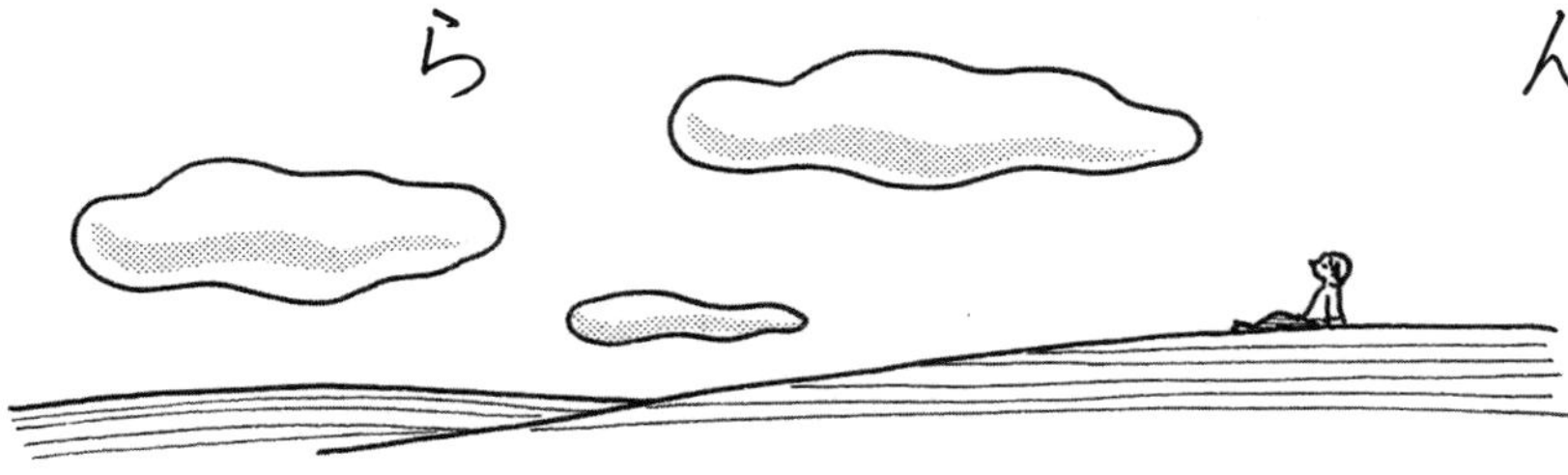

（東京書籍　新編　あたらしいこくご一年（下）　みやなか　くもこ）

うえの　しを　よんで　こたえましょう。

(1) しろい　くもは　なにですか。

（　　　　　　）

(2) しろい　くもは　なんと　いって、そらに　うかんで　いますか。

（　　　　　　）

(3) しろい　くもに　かこうと　かんがえて　いるものを　二つ　かきましょう。

（　　　　　　）

（　　　　　　）

(4) この　しを　よんで　おもったことや　かんじたことを　かきましょう。

（　　　　　　）

てんとうむし

なまえ［　　　　］

てんとうむし

いっぴきでも
てんとうむしだよ
ちいさくても
ぞうと　おなじ　いのちを
いっこ　もって　いる
ぼくを　みつけたら
こんにちはって　いってね
そしたら　ぼくも
てんとうむしの　ことばで
こんにちはって　いうから
きみには　きこえないけど

（教育出版　しょうがくこくご　ひろがることば　1年(下)　かわさき　ひろし）

うえの　しを　よんで　こたえましょう。

(1) てんとうむしは　ぞうと　おなじ　ものを　もって　います。それは　なんですか。

（　　　　）

(2) うえの　ぶんで、「ぼく」とは　なにの　こと　ですか。

（　　　　）

(3) 「こんにちは」って　いわれたら、「ぼく」は　どんな　ことばで　どう　いおうと　おもって　いますか。

どんな　ことば（　　　　）

どう　いおう（　　　　）

(4) この　しを　よんで　おもった　ことや　かんじた　ことを　かきましょう。

（　　　　）

木

なまえ［　　　　　　　　　］

木

木は　いいな、
ことりが　とまりに　くるから。
ぼく、
木に　なりたい。
ぼくの　木に、
すずめが　たくさん　とまりに
きたら、
うれしくて、
くすぐったくて、
からだじゅうの　はっぱを
ちらちらさせて、
わらっちゃう。

（教育出版　しょうがくこくご　ひろがることば　１年（下）　しみず　たみこ）

うえの　しを　よんで　こたえましょう。

(1) ぼくが「木は　いいな」と　おもうのは　どうしてでしょう。

（　　　　　　　）

(2) ぼくが　うれしい　きもちに　なるのは　どんな　ときですか。

（　　　　　　　）

(3) くすぐったく　なると、ぼくは　どう　しますか。

（　　　　　　　）

(4) この　しを　よんで　おもったことや　かんじたことを　かきましょう。

（　　　　　　　）

なみは　てかな

なまえ［　　　　　　］

なみは　てかな

なみは　てかな
うみの　てかな
なみうちぎわで
ぱっと　ひらいた

なみは　てかな
しろい　てかな
かいがら　ひとつ
ぱっと　なげた

なみは　てかな
つないだ　てかな
なみうちぎわを
ぱっと　かこんだ

（学校図書　みんなとまなぶ　しょうがっこうこくご一年（上）　こわせ　たまみ）

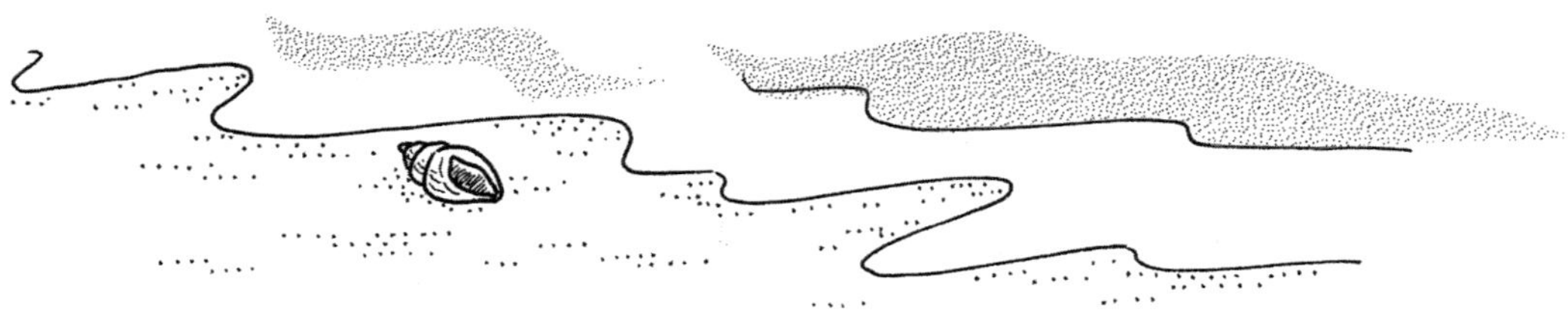

うえの　しを　よんで　こたえましょう。

(1) なみは　うみの　なにだと　おもって　いますか。

（　　　　　　）

(2) ①を　よんで　こたえしょう。
なみは　なみうちぎわで　どうなりましたか。

（　　　　　　）

(3) ②を　よんで　こたえしょう。
なみは　なにを　はこんで　きましたか。

（　　　　　　）

(4) ③を　よんで　こたえしょう。
なみは　なみうちぎわを　どうしましたか。

（　　　　　　）

(5) この　しを　よんで　おもったことや
かんじたことを　かきましょう。

（　　　　　　）

あした

なまえ［　　　　］

あした

ひとつ　ねたら
あしたに　なるって　いうけれど
めが　さめたら
きょうだった
あしたは　あしたへ　にげてった

ねえ　もひとつ　ねたら
あしたに　なるの
ちがうんだろ
いくら　おいかけたって
あしたは　いつも　ひとあしさきだ
つかまらないんだ　ぜったいに

（学校図書　みんなとまなぶ　しょうがっこうこくご一年（上）　かんざわ　としこ）

うえの　しを　よんで　こたえましょう。

(1) ひとつ　ねたら　なにに　なると　いって　いますか。

（　　　　）

(2) めが　さめたら　いつでしたか。

（　　　　）

(3) あしたは　どうなりましたか。

（　　　　）

(4) あしたは　いくら　おいかけたって　つぎの　ひだと　いうことを、どんな　ことばで　あらわして　いますか。

（　　　　）

(5) この　しを　よんで　おもったことや　かんじたことを　かきましょう。

（　　　　）

トランポリン

なまえ［　　　　　　　　　　］

トランポリン（とらんぽりん）

くもの　すで
あめつぶぼうやが
トランポリン

くもと　いっしょに
トランポリン

かぜも　いっしょに
トランポリン

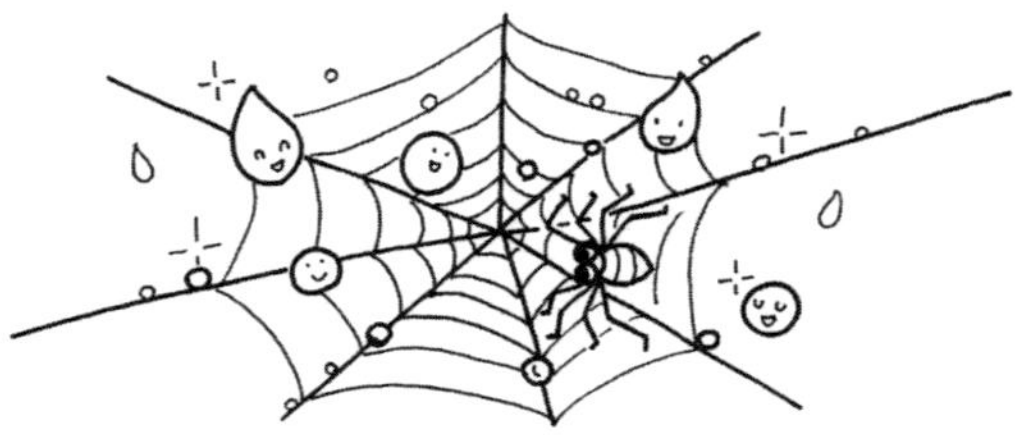

（学校図書　みんなとまなぶ　しょうがっこうこくご一年（下）　いけだ　もとこ）

うえの　しを　よんで　こたえましょう。

(1)　くもの　すに　おちて　きたのは　なに　ですか。

（　　　　　　　　）

(2)　「あめつぶぼうやが　トランポリン」と　ありますが、あめつぶの　どんな　ようすを　あらわして　いますか。よいと　おもう　ものに　○を　しましょう。

（　）トランポリンの　ように　くもの　すで　あめつぶが　はねた。

（　）あめつぶが　あつまって　トランポリンの　ように　なった。

(3)　あめつぶぼうやと　いっしょに　トランポリンを　して　いるのは、だれですか。二つ　かきましょう。

（　　　　）

（　　　　）

(4)　この　しを　よんで　おもった　ことや　かんじた　ことを　かきましょう。

（　　　　　　　　）

気もち

なまえ［　　　　　　　　］

気もち

やさしい　気もちは
ふわふわ　してる。
こわい　気もちは
ぶるぶる　してる。
さみしい　気もちは
ほそぼそ　してる。
うれしい　気もちは
ぴょんぴょん　はねる。

（大阪書籍　しょうがくこくご一年(下)　さくら　ももこ）

うえの　しを　よんで　こたえましょう。

(1) ふわふわ　してるのは　どんな　気もちですか。

（　　　　　　）

(2) こわい　気もちは　どうして　いますか。

（　　　　　　）

(3) ほそぼそ　してるのは　どんな　気もちですか。

（　　　　　　）

(4) うれしい　気もちは　どうして　いますか。

（　　　　　　）

(5) この　しを　よんで　おもったことや　かんじたことを　かきましょう。

（　　　　　　）

なまえ（　　　　　　　　　　　　）

解答

※本書にかかれている解答はあくまでも一例です。答えは、文意があっていれば、◯をして下さい。「思ったこと」「考えたこと」などは様々なとらえ方があります。児童の思いをよく聞いて◯をつけて下さい。

※本書にかかれている解答はあくまでも一例です。答えは、文意があっていれば、○をして下さい。
「思ったこと」「考えたこと」などは様々なとらえ方があります。児童の思いをよく聞いて○をつけて下さい。

P6

いろいろな
くちばし(1)

なまえ［　　　　］

さきが
するどく　とがった
くちばしです。
これは、なんの
くちばしでしょう。

これは、きつつきの
くちばしです。
きつつきは、
とがった　くちばしで、
きに　あなを　あけます。
そして、きの　なかに
いる　むしを　たべます。

(光村図書　こくご一年(上)　かざぐるま　むらた　こういち)

うえの　ぶんを　よんで　こたえましょう。

(1) きつつきの　くちばしは　どんな　くちばし　ですか。

（**さきが　するどく　とがった　くちばし。**）

(2) きつつきは　とがった　くちばしを　つかって　なにを　しますか。

（**きに　あなを　あける。**）

(3) きつつきが　きに　あなを　あけるのは　なんの　ためでしょう。

（**きの　なかに　いる　むしを　たべるため。**）

6

P7

いろいろな
くちばし(2)

なまえ［　　　　］

ふとくて、
さきが　まがった
くちばしです。
これは、なんの
くちばしでしょう。

これは、おうむの
くちばしです。
おうむは、まがった
くちばしの　さきで、
かたい　たねの
からを　わります。
そして、なかの　みを
たべます。

(光村図書　こくご一年(上)　かざぐるま　むらた　こういち)

うえの　ぶんを　よんで　こたえましょう。

(1) おうむの　くちばしは　どんな　くちばし　ですか。

（**ふとくて、さきが　まがった　くちばし。**）

(2) おうむは　まがった　くちばしの　さきを　つかって　なにを　しますか。

（**かたい　たねの　からを　わる。**）

(3) おうむが　たねの　からを　わるのは　なんの　ためでしょう。

（**なかの　みを　たべるため。**）

7

P8

いろいろな
くちばし(3)

なまえ［　　　　］

ほそくて、
ながく　のびた
くちばしです。
これは、なんの
くちばしでしょう。

これは、はちどりの
くちばしです。
はちどりは、ほそながい
くちばしを、はなの　なかに
いれます。
そして、はなの
みつを　すいます。

(光村図書　こくご一年(上)　かざぐるま　むらた　こういち)

うえの　ぶんを　よんで　こたえましょう。

(1) はちどりの　くちばしは　どんな　くちばし　ですか。

（**ほそくて、ながく　のびた　くちばし。**）

(2) はちどりは　ほそながい　くちばしを　どこに　いれますか。

（**はなの　なか**）

(3) はちどりが　くちばしを、はなの　なかに　いれるのは　どうしてでしょう。

（**はなの　みつを　すうため。**）

8

P9

じどう車くらべ(1)

なまえ［　　　　］

いろいろな　じどう車が、
どうろを　はしって　います。
それぞれの　じどう車は、
どんなしごとを　して　いますか。
その　ために、どんな　つくり
に　なって　いますか。
バスや　じょうよう車は、人を
のせて　はこぶ　しごとを
して　います。
その　ために、
ざせきの　ところが、
ひろく　つくって　あります。
そとの　けしきが
よく　みえるように、
大きな　まどが
たくさん　あります。

(光村図書　こくご一年(上)　かざぐるま)

うえの　ぶんを　よんで　こたえましょう。

(1) バスや　じょうよう車は、どんな　しごとを　していますか。

（**人を　のせて　はこぶ　しごと。**）

(2) ざせきの　ところが　ひろく　つくって　あるのは　どうしてですか。

（**人を　のせて　はこぶから。(のりやすい(すわりやすい)ように　するため。)**）

(3) 大きな　まどが　たくさん　あるのは　どうしてですか。

（**そとの　けしきが　よく　みえるように。**）

9

※本書にかかれている解答はあくまでも一例です。答えは、文意があっていれば、○をして下さい。
「思ったこと」「考えたこと」などは様々なとらえ方があります。児童の思いをよく聞いて○をつけて下さい。

P10

じどう車くらべ(2)　なまえ［　　　　］

トラックは、にもつを はこぶ しごとを して います。
その ために、うんてんせきの ほかは、ひろい にだいに なって います。
おもい にもつを のせる トラックには、タイヤが たくさん ついて います。

（光村図書 こくご一年（上） かざぐるま）

うえの ぶんを よんで こたえましょう。

(1) トラックは、どんな しごとを して いますか。

（にもつを はこぶ しごと。）

(2) うんてんせきの ほかは、ひろい にだいに なって いるのは どうしてですか。

（にもつが たくさん はこべるように。）

(3) トラックに タイヤが たくさん ついて いるのは どうしてですか。

（おもい にもつを のせる ため。）

10

P11

じどう車くらべ(3)　なまえ［　　　　］

クレーン車は、おもい ものを つりあげる しごとを して います。
その ために、じょうぶな うでが、のびたり うごいたり するように、つくって あります。
車たいが かたむかないように、しっかりした あしが、ついて います。

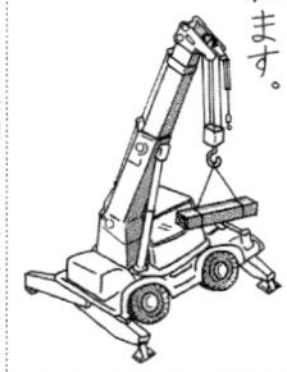

（光村図書 こくご一年（上） かざぐるま）

うえの ぶんを よんで こたえましょう。

(1) クレーン車は、どんな しごとを して いますか。

（おもい ものを つりあげる しごと。）

(2) クレーン車は、どのように つくって ありますか。

（じょうぶな うでが、のびたり うごいたり するように。）

(3) しっかりした あしが ついて いるのは どうしてですか。

（車たいが かたむかない ように。）

11

P12

じどう車くらべ(4)　なまえ［　　　　］

きゅうきゅう車は、けがを した 人や、びょうきの 人を、びょういんへ はこぶ しごとを して います。
その ために、うんてんせきの うしろは、人を ねかせる ことが できるように なって います。

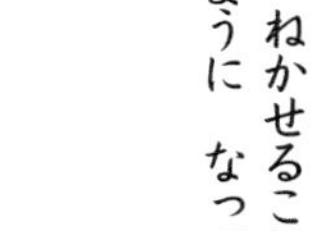

（光村図書 こくご一年（上） かざぐるま）

うえの ぶんを よんで こたえましょう。

(1) きゅうきゅう車は、どんな しごとを して いますか。

（けがを した 人や、びょうきの 人を、びょういんへ はこぶ しごと。）

(2) うんてんせきの うしろは、どうなって いますか。

（人を ねかせることが できるように なっている。）

12

P13

かんじの はなし(1)　なまえ［　　　　］

かんじは、はじめは、かんたんな えのような ものでした。
「やま」の すがたから、「山」と いう かんじが できました。
「みず」の ながれる ようすから、「水」と いう かんじが できました。
空から「あめ」が ふる ようすから、「雨」と いう かんじが できました。

山（やま）　水（みず）　雨（あめ）

（光村図書 こくご一年（下） ともだち）

うえの ぶんを よんで こたえましょう。

(1) 「山」と いう かんじは なにから できましたか。

（「やま」の すがたから。）

(2) 「水」と いう かんじは なにから できましたか。

（「みず」の ながれる ようすから。）

(3) 「雨」と いう かんじは なにから できましたか。

（空から「あめ」が ふる ようすから。）

13

※本書にかかれている解答はあくまでも一例です。答えは、文意があっていれば、○をして下さい。
「思ったこと」「考えたこと」などは様々なとらえ方があります。児童の思いをよく聞いて○をつけて下さい。

P14

かんじの はなし(2)　なまえ［　　　］

「うえ」に、ものが ある ことを しめす しるしから、「上」と いう かんじが できました。　・上

「した」に、ものが ある ことを しめす しるしから、「下」と いう かんじが できました。　・下

（光村図書 こくご一年(下) ともだち）

うえの ぶんを よんで こたえましょう。

(1) 「上」と いう かんじは なにから できましたか。

（「うえ」に、ものが ある ことを しめす しるし から。）

(2) 「下」と いう かんじは なにから できましたか。

（「した」に、ものが ある ことを しめす しるし から。）

14

P15

ものの 名まえ(1)　なまえ［　　　］

けんじくんは、夕がた、おねえさんと 町へ かいものに いきました。はじめの おみせには、りんご、みかん、バナナなどが、ならんで います。ふたりは、五百円で りんごを かいました。

この おみせは、なにやさんでしょう。

（光村図書 こくご一年(下) ともだち）

うえの ぶんを よんで こたえましょう。

(1) けんじくんは、だれと 町へ かいものに いきましたか。

（**おねえさん**）

(2) はじめの おみせに ならんで いた ものを 三つ かきましょう。

（**りんご**）（**みかん**）（**バナナ**）

(3) ふたりは なにを かいましたか。

（**りんご**）

(4) この おみせは、なにやさんでしょう。

（**くだものやさん**）

15

P16

ものの 名まえ(2)　なまえ［　　　］

つぎに、さかなやさんに いきました。あじ、さば、たいなどが、ならんで います。けんじくんが、

「さかなを ください。」

と いって、千円さつを 出しました。おみせの おじさんは、

「さかなじゃ わからないよ。」

と、わらいながら いいました。

おじさんは、なぜ 「わからないよ。」と いったのでしょう。

（光村図書 こくご一年(下) ともだち）

うえの ぶんを よんで こたえましょう。

(1) けんじくんが、つぎに いったところは どこですか。

（**さかなやさん**）

(2) おみせに ならんで いた ものを 三つ かきましょう。

（**あじ**）（**さば**）（**たい**）

(3) けんじくんは、なにを くださいと いいましたか。

（**さかな**）

(4) おじさんは、なぜ「わからないよ。」と いったのでしょう。

（**いろんな さかなを うっているので、どの さかなか わからないから。**）

16

P17

ものの 名まえ(3)　なまえ［　　　］

ものには、一つ一つに 名まえが ついて います。**りんご**、**みかん**、**バナナ**などは、一つ一つの 名まえです。

一つ一つの ものを、まとめて つけた 名まえも あります。

りんご、みかん、バナナなどを まとめて つけた 名まえは、**くだもの**です。

さかなも、まとめて つけた 名まえです。一つ一つを わけて いう ときには、**あじ**、**さば**、**たい**などと、一つ一つの 名まえを つかいます。

（光村図書 こくご一年(下) ともだち）

うえの ぶんを よんで こたえましょう。

(1) うえの ぶんに かいて ある、くだものの 名まえを 三つ かきましょう。

（**りんご**）（**みかん**）（**バナナ**）

(2) つぎの ことばの なかで、まとめて つけた 名まえには○、一つ一つの ものに つけた 名まえには△を （　）に かきましょう。

（**○**）さかな
（**△**）あじ
（**△**）バナナ
（**○**）くだもの

17

※本書にかかれている解答はあくまでも一例です。答えは、文意があっていれば、〇をして下さい。
「思ったこと」「考えたこと」などは様々なとらえ方があります。児童の思いをよく聞いて〇をつけて下さい。

P18

どうぶつの 赤ちゃん(1)　なまえ［　　　　］

どうぶつの 赤ちゃんは、生まれたばかりの ときは、どんな ようすを して いるのでしょう。そして、どのように して、大きく なって いくのでしょう。

ライオンの 赤ちゃんは、生まれた ときは、子ねこぐらいの 大きさです。目や 耳は、とじた ままです。ライオンは、どうぶつの 王さまと いわれます。けれども、赤ちゃんは、よわよわしくて、おかあさんに あまり にて いません。

（光村図書 こくご二年(下) ともだち ますい みつこ）

うえの ぶんを よんで こたえましょう。

(1) ライオンの 赤ちゃんの 生まれた ときの ようすに ついて かきましょう。

① どれくらいの 大きさですか。
（**子ねこぐらいの 大きさ**）

② 目は どうなって いますか。
（**とじた まま**）

③ 耳は どうなって いますか。
（**とじた まま**）

④ おかあさんに にて いますか。
（**あまり にて いない。**）

18

P19

どうぶつの 赤ちゃん(2)　なまえ［　　　　］

ライオンの 赤ちゃんは、じぶんでは あるく ことが できません。よそへ いく ときは、おかあさんに、口に くわえて はこんで もらうのです。

ライオンの 赤ちゃんは、生まれて 二か月ぐらいは、おちちだけ のんで いますが、やがて、おかあさんの とった えものを たべはじめます。一年ぐらい たつと、おかあさんや なかまが するのを 見て、えものの とりかたを おぼえます。そして、じぶんで つかまえて たべるように なります。

（光村図書 こくご二年(下) ともだち ますい みつこ）

うえの ぶんを よんで こたえましょう。

(1) ライオンの 赤ちゃんは、よそへ いく ときは どうしますか。
（**おかあさんに、口に くわえて はこんで もらう。**）

(2) ライオンの 赤ちゃんが、おかあさんの おちちだけ のんで いるのは、生まれて から どれくらいの あいだ ですか。
（**二か月ぐらい**）

(3) ライオンの 赤ちゃんが、えものを じぶんで つかまえて たべるように なるのは、生まれて どれくらい たってからですか。
（**一年ぐらい**）

19

P20

どうぶつの 赤ちゃん(3)　なまえ［　　　　］

しまうまの 赤ちゃんは、生まれた ときに、もう やぎぐらいの 大きさが あります。目は あいて いて、耳も ぴんと 立って います。しまの もようも ついて いて、おかあさんに そっくりです。

（光村図書 こくご二年(下) ともだち ますい みつこ）

うえの ぶんを よんで こたえましょう。

(1) しまうまの 赤ちゃんの 生まれた ときの ようすに ついて かきましょう。

① どれくらいの 大きさですか。
（**やぎぐらいの 大きさ**）

② 目は どうなって いますか。
（**あいて いる。**）

③ 耳は どうなって いますか。
（**ぴんと 立っている。**）

④ おかあさんに にて いますか。
（**(にている) そっくり**）

20

P21

どうぶつの 赤ちゃん(4)　なまえ［　　　　］

しまうまの 赤ちゃんは、生まれて 三十ぷんも たたない うちに、じぶんで 立ち上がります。そして、つぎの日には、はしるように なります。だから、つよい どうぶつに おそわれても、おかあさんや なかまと いっしょに にげる ことが できるのです。

（光村図書 こくご二年(下) ともだち ますい みつこ）

うえの ぶんを よんで こたえましょう。

(1) しまうまの 赤ちゃんは、生まれて どれくらいで、じぶんで 立ち上がりますか。
（**三十ぷんも たたない うちに。**）

(2) しまうまの 赤ちゃんは、生まれて どれくらいで、はしるように なりますか。
（**(生まれた) つぎの日**）

(3) しまうまの 赤ちゃんが、生まれて すぐに 立って はしれるように なるのは、なんの ためですか。
（**つよい どうぶつに おそわれても、おかあさんや なかまと いっしょに にげる ことが できる ように。**）

21

P22

どうぶつの赤ちゃん(5)

なまえ［　　　　　　］

しまうまの　赤ちゃんが、おかあさんの　おちちだけ　のんで　いるのは、たった　七日ぐらいの　あいだです。その　あとは、おちちも　のみますが、じぶんで　草も　たべるように　なります。

（光村図書　こくご一年(下)　ともだち　ますい　みつこ）

うえの　ぶんを　よんで　こたえましょう。

(1) しまうまの　赤ちゃんが、おかあさんの　おちちだけ　のんで　いるのは、どれくらいの　あいだ　ですか。

（七日ぐらい（の　あいだ））

(2) その　あとは、おちちを　のむ　ほかに、なにを　しますか。

（じぶんで　草も　たべる。）

P23

どうぶつの　はな(1)

なまえ［　　　　　　］

たいへんです。かいじゅうが　あらわれました。

こっちを　にらんで　います。どう　しましょう。

これは、かばの　はなです。かばは、かわや　ぬまの　ちかくに　すんで　います。かばは、はなの　あなを　とじる　ことが　できます。みずに　もぐる　とき、はなの　あなを　とじて、みずが　はいらないように　します。ほかにも　べんりな　はなが、いろいろ　あります。

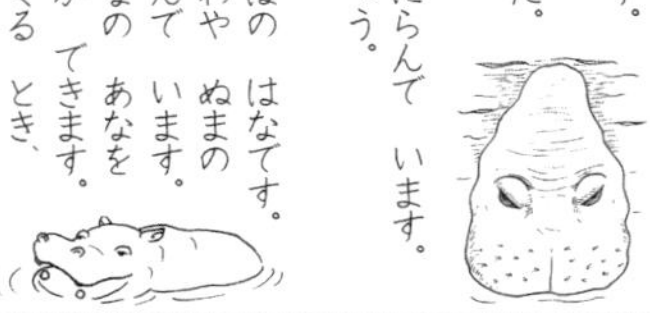

（東京書籍　新編　あたらしいこくご一年(上)　こみやま　ひろし）

うえの　ぶんを　よんで　こたえましょう。

(1) こっちを　にらんで　いる　かいじゅうは　なんですか。

（かば（の　はな））

(2) かばは　どこに　すんでいますか。

（かわや　ぬまの　ちかく）

(3) かばが　はなの　あなを　とじる　ときは、どんな　ときですか。

（みずに　もぐる　とき。）

P24

どうぶつの　はな(2)

なまえ［　　　　　　］

これは、なんの　はなでしょう。

これは、はりもぐらの　はなです。

はりもぐらは、おちばや　つちの　なかに　いる、ありや　しろありを　たべます。

はりもぐらは、ながく　つきでた　はなの　さきで、おちばや　つちを　かきわけて、ありや　しろありを　みつけます。

（東京書籍　新編　あたらしいこくご一年(上)　こみやま　ひろし）

うえの　ぶんを　よんで　こたえましょう。

(1) うえの　えは、なんの　はなでしょう。

（はりもぐらの　はな）

(2) はりもぐらは　なにを　たべますか。

（おちばや　つちの　なかに　いる、ありや　しろあり）

(3) はりもぐらの　はなは　どんな　はなですか。

（ながく　つきでた　はな）

(4) はりもぐらは、はなの　さきで　なにを　しますか。

（おちばや　つちを　かきわけて、ありや　しろありを　みつける。）

P25

どうぶつの　はな(3)

なまえ［　　　　　　］

これは、なんの　はなでしょう。

これは、ぞうの　はなです。

ぞうの　はなは、ながくて、いろいろな　むきに　まがります。

はなを　じょうずに　つかって、えさを　たべたり、みずを　あびたり　します。

（東京書籍　新編　あたらしいこくご一年(上)　こみやま　ひろし）

うえの　ぶんを　よんで　こたえましょう。

(1) うえの　えは、なんの　はなでしょう。

（ぞうの　はな）

(2) ぞうの　はなは　どうなっていますか。

（ながくて、いろいろな　むきに　まがる。）

(3) ぞうは、はなを　じょうずに　つかって　なにを　しますか。

（えさを　たべたり、みずを　あびたり　する。）

P26

いろいろな ふね(1)

なまえ［　　　　］

ふねには、いろいろな ものが あります。

きゃくせんは、たくさんの 人を はこぶ ための ふねです。

この ふねの 中には、きゃくしつや しょくどうが あります。

人は、きゃくしつで 休んだり、しょくどうで しょくじを したり します。

（東京書籍 新編あたらしいこくご一年（下））

うえの ぶんを よんで こたえましょう。

(1) 人を はこぶ ための ふねは なんと いいますか。

（**きゃくせん**）

(2) きゃくせんには、どんな へやが ありますか。二つ かきましょう。

（**きゃくしつ**）

（**しょくどう**）

(3) 人が 休んだり するところを なんと いいますか。

（**きゃくしつ**）

26

P27

いろいろな ふね(2)

なまえ［　　　　］

フェリーボートは、たくさんの 人と じどう車を いっしょに はこぶ ための ふねです。

この ふねの 中には、きゃくしつや 車を とめて おく ところが あります。

人は、車を ふねに 入れてから、きゃくしつで 休みます。

（東京書籍 新編あたらしいこくご一年（下））

うえの ぶんを よんで こたえましょう。

(1) フェリーボートは、なにを はこぶ ための ふねですか。

（**人と じどう車を いっしょに はこぶ ための ふね**）

(2) フェリーボートの 中には、どんな ところが ありますか。二つ かきましょう。

（**きゃくしつ**）

（**車を とめて おく ところ**）

(3) フェリーボートに のった 人は、どうしますか。

（**車を ふねに 入れてから、きゃくしつで 休む。**）

27

P28

いろいろな ふね(3)

なまえ［　　　　］

ぎょせんは、さかなを とる ための ふねです。

この ふねは、さかなの むれを みつける きかいや、あみを つんで います。

みつけた さかなを あみで とります。

（東京書籍 新編あたらしいこくご一年（下））

うえの ぶんを よんで こたえましょう。

(1) さかなを とる ための ふねを なんと いいますか。

（**ぎょせん**）

(2) ぎょせんに つんで あるものを 二つ かきましょう。

（**さかなの むれを みつける きかい**）

（**あみ**）

(3) みつけた さかなは なにで とりますか。

（**あみ**）

28

P29

いろいろな ふね(4)

なまえ［　　　　］

しょうぼうていは、ふねの 火じを けす ための ふねです。

この ふねは、ポンプや ホースを つんで います。

火じが あると、水や くすりを かけて、火を けします。

いろいろな ふねが、それぞれの やくめに あう ように つくられて います。

（東京書籍 新編あたらしいこくご一年（下））

うえの ぶんを よんで こたえましょう。

(1) しょうぼうていは、なにを する ための ふねですか。

（**ふねの 火じを けす ための ふね**）

(2) しょうぼうていには、なにが つんで ありますか。二つ かきましょう。

（**ポンプ**）

（**ホース**）

(3) しょうぼうていは、どのようにして 火を けしますか。

（**水や くすりを かけて、火を けす。**）

29

※本書にかかれている解答はあくまでも一例です。答えは、文意があっていれば、〇をして下さい。
「思ったこと」「考えたこと」などは様々なとらえ方があります。児童の思いをよく聞いて〇をつけて下さい。

P30

はたらく じどう車(1)　なまえ［　　　　］

じどう車には、いろいろな ものが あります。どの じどう車も、つかいみちに あわせて つくって あります。

バスは、大ぜいの おきゃくを のせて はこぶ じどう車です。

ですから、たくさんの ざせきが あります。つりかわや 手すりも ついて います。

バスは、きまった じこくに、きまった みちを はしります。

（教育出版 しょうがくこくご ひろがることば 一年（下））

うえの ぶんを よんで こたえましょう。

(1) バスは、なにを する ための じどう車ですか。

（大ぜいの おきゃくを のせて はこぶ じどう車）

(2) バスの なかには、どんな ものが ついていますか。三つ かきましょう。

（ざせき）（つりかわ）（手すり）

(3) バスは、どういうふうに はしって いますか。

（きまった じこくに、きまった みちを はしる。）

30

P31

はたらく じどう車(2)　なまえ［　　　　］

コンクリートミキサー車は、なまコンクリートを はこぶ じどう車です。

ですから、大きな ミキサーを のせて います。

なまコンクリートが かたまらないように、ミキサーを ぐるぐる まわしながら はしります。

（教育出版 しょうがくこくご ひろがることば 一年（下））

うえの ぶんを よんで こたえましょう。

(1) なまコンクリートを はこぶ じどう車を なんと いいますか。

（コンクリートミキサー車）

(2) ミキサーの なかには なにが はいって いるのでしょう。

（なまコンクリート）

(3) ミキサーを ぐるぐる まわしながら はしるのは なぜですか。

（なまコンクリートが かたまらないように するため。）

31

P32

はたらく じどう車(3)　なまえ［　　　　］

ショベルカーは、こうじを する ときに つかう じどう車です。

ですから、てつで できた、ながい うでと じょうぶな バケットを もって います。

うでと バケットを うごかして、じめんを ほったり、けずったり します。

（教育出版 しょうがくこくご ひろがることば 一年（下））

うえの ぶんを よんで こたえましょう。

(1) ショベルカーは、どんな ときに つかう じどう車ですか。

（こうじを する とき（に つかう じどう車））

(2) ショベルカーには、なにが ついていますか。二つ かきましょう。

（ながい うで）（じょうぶな バケット）

(3) ショベルカーは、うでと バケットを うごかして、なにを しますか。

（じめんを ほったり、けずったり する。）

32

P33

はたらく じどう車(4)　なまえ［　　　　］

ポンプ車は、火じを けす ときに つかう じどう車です。

ですから、ホースや はしごを つんで います。

また、ホースを はこぶ 車も のせて います。

火じばでは、いけや しょう火せんなどから 水を すいあげて、火を けします。

（教育出版 しょうがくこくご ひろがることば 一年（下））

うえの ぶんを よんで こたえましょう。

(1) ポンプ車は、どんな ときに つかう じどう車ですか。

（火じを けす とき（に つかう じどう車））

(2) ポンプ車に つんで あるものを 三つ かきましょう。

（ホース）（はしご）（ホースを はこぶ 車）

(3) ポンプ車は、どのようにして 火を けしますか。

（いけや しょう火せんなど から 水を すいあげて、火を けす。）

33

※本書にかかれている解答はあくまでも一例です。答えは、文意があっていれば、○をして下さい。
「思ったこと」「考えたこと」などは様々なとらえ方があります。児童の思いをよく聞いて○をつけて下さい。

P34

みぶりで つたえる(1)

なまえ［　　　　　］

こうえんの むこうで、ともだちが 手を ふって います。わたしを よんで いるのです。わたしも 手を ふって こたえます。そして、ともだちの ところへ かけて いきます。

このように、わたしたちは、ことばだけでは なく、みぶりでも、きもちや かんがえを あいてに つたえる ことが できます。

教育出版 ひろがる ことば しょうがくこくご 一年（下） のむら まさいち

うえの ぶんを よんで こたえましょう。

(1) こうえんの むこうで、ともだちが 手を ふって いるのは なんの ためですか。
（ **わたしを よぶため。** ）

(2) わたしは どうしましたか。
（ **手を ふって こたえた。** ）

(3) わたしたちが きもちや かんがえを あいてに つたえる ほうほうを 二つ かきましょう。
（ **ことば** ）
（ **みぶり** ）

34

P35

みぶりで つたえる(2)

なまえ［　　　　　］

くびを たてに ふると 「はい」、よこに ふると 「いいえ」、よこに かたむけると 「よく わからない」と いう いみに なります。くちびるに 人さしゆびを あてると 「しずかに しよう」と いう いみに なります。

このような とき、みぶりは ことばの かわりを して います。

教育出版 ひろがる ことば しょうがくこくご 一年（下） のむら まさいち

うえの ぶんを よんで こたえましょう。

(1) くびを つぎの ①〜③の ように すると、それぞれ どういう いみに なりますか。
①たてに ふる（ **「はい」** ）
②よこに ふる（ **「いいえ」** ）
③よこに かたむける（ **「よく わからない」** ）

(2) 「しずかに しよう」と いう いみの みぶりは どうしますか。
（ **くちびるに 人さしゆびを あてる。** ）

(3) みぶりは なにの かわりを する ことが できますか。
（ **ことば** ）

35

P36

みぶりで つたえる(3)

なまえ［　　　　　］

ともだちに、「大きな さつまいもを ほったよ。」と はなす とき、さつまいもの ながさや ふとさを りょう手で あらわせば、その 大きさが よく つたわります。

あたまを 下げながら、「ありがとう ございます。」と いうと、おれいの きもちが よく つたわります。

このように、みぶりと ことばを いっしょに つかうと、じぶんの つたえたい ことが、あいてに はっきりと つたわるのです。

教育出版 ひろがる ことば しょうがくこくご 一年（下） のむら まさいち

うえの ぶんを よんで こたえましょう。

(1) 「大きな さつまいもを ほったよ。」と はなす とき、さつまいもの 大きさを よく つたえるには どうすれば よいですか。
（ **さつまいもの ながさや ふとさを りょう手で あらわす。** ）

(2) おれいの きもちを よく つたえたい ときは どうすれば よいでしょうか。
（ **あたまを 下げながら、「ありがとう ございます。」と いう。** ）

(3) じぶんの つたえたい ことを、あいてに はっきりと つたえたいときは どうすれば よいでしょうか。
（ **みぶりと ことばを いっしょに つかう。** ）

36

P37

みぶりで つたえる(4)

なまえ［　　　　　］

また、みぶりは、ことばよりも きもちを つよく あらわす ことが あります。

うれしい ときには、りょう手を 上げて ばんざいを します。こまった ときには、うでを くんだり、あたまに 手を あてたりします。

このように、うれしい、たのしい、かなしい、こまったなどの きもちは、みぶりで あらわす ほうが よく つたわる ことが あります。

教育出版 ひろがる ことば しょうがくこくご 一年（下） のむら まさいち

うえの ぶんを よんで こたえましょう。

(1) うれしい ときには、どんな みぶりを しますか。
（ **りょう手を 上げて ばんざいを する。** ）

(2) こまった ときには、どんな みぶりを しますか。
（ **うでを くんだり、あたまに 手を あてたり する。** ）

(3) ことばよりも みぶりで あらわす ほうが よく つたわるのは どんな きもちですか。四つ かきましょう。
（ **うれしい** ）（ **たのしい** ）
（ **かなしい** ）（ **こまった** ）

37

※本書にかかれている解答はあくまでも一例です。答えは、文意があっていれば、○をして下さい。
「思ったこと」「考えたこと」などは様々なとらえ方があります。児童の思いをよく聞いて○をつけて下さい。

P38

みぶりで つたえる(5)

なまえ［　　　　　］

わたしたちは、じぶんの　きもちや　かんがえを、まわりの人と　つたえあって　くらしています。ことばだけで　なく、みぶりを　じょうずに　つかうと、つたえたい　きもちや　かんがえを　はっきりと　あらわせるように　なるのです。

(教育出版　ひろがることば　しょうがくこくご二年（下）のむら　まさいち)

うえの　ぶんを　よんで　こたえましょう。

(1) わたしたちは、どのように　くらしていますと　かかれていますか。

じぶんの　きもちや　かんがえを、まわりの人と　つたえあって　くらしている。

(2) つたえたい　きもちや　かんがえを　はっきりと　あらわせるように　するためには　どうしたら　よいですか。

ことばだけで　なく、みぶりを　じょうずに　つかう。

38

※本書にかかれている解答はあくまでも一例です。答えは、文意があっていれば、〇をして下さい。
「思ったこと」「考えたこと」などは様々なとらえ方があります。児童の思いをよく聞いて〇をつけて下さい。

P40

いろいろな くちばし

うえの ぶんを よんで こたえましょう。

(1) つぎの ような くちばしを もった とりの なまえを（　）に かきましょう。(10×3)

ほそく ながい
（はちどり）

さきが するどく とがっている
（きつつき）

ふとくて、さきが まがっている
（おうむ）

(2) きつつきは くちばしで なにを しますか。(15)

（きに あなを あける。）

(3) きつつきは なにを たべますか。(10)

（きの なかに いる むし）

(4) おうむは なにを たべますか。(15)

（かたい たねの なかの み）

(5) はちどりが くちばしを はなの なかに いれるのは、なにを するためですか。(15)

（はなの みつを すうため。）

(6) とりによって くちばしの かたちが ちがうのは なぜですか。(15)

（とりによって えさが ちがうので、たべやすい かたちに なっている。）

P41

じどう車くらべ (1)

うえの ぶんを よんで こたえましょう。((1)～(5)まで 各20)

(1) バスや じょうよう車は、どんな しごとを していますか。

（人を のせて はこぶ しごと。）

(2) バスや じょうよう車に 大きな まどが たくさん あるのは どうしてですか。

（そとの けしきが よく みえるように するため。）

(3) トラックは、どんな しごとを して いますか。

（にもつを はこぶ しごと。）

(4) トラックの にだいが ひろく なって いるのは どうしてですか。

（にもつを たくさん はこべるように する ため。）

(5) おもい にもつを のせる トラックは、タイヤが どうなって いますか。

（たくさん ついて いる。）

P42

じどう車くらべ (2)

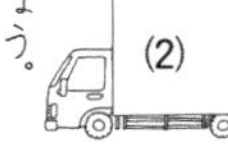

うえの ぶんを よんで こたえましょう。((1)～(5)まで 各20)

(1) クレーン車は、どんな しごとを していますか。

（おもい ものを つりあげる しごと。）

(2) クレーン車に ついている じょうぶな うでは、どのように つくって ありますか。

（のびたり うごいたり するように、つくって ある。）

(3) クレーン車に しっかりした あしが ついて いるのは どうしてですか。

（車たいが かたむかない ように する ため。）

(4) きゅうきゅう車は、どんな しごとを していますか。

（けがを した 人や、びょうきの 人を、びょういんへ はこぶ しごと。）

(5) きゅうきゅう車の うんてんせきの うしろは、どうなっていますか。

（人を ねかせることが できるように なっている。）

※本書にかかれている解答はあくまでも一例です。答えは、文意があっていれば、〇をして下さい。
「思ったこと」「考えたこと」などは様々なとらえ方があります。児童の思いをよく聞いて〇をつけて下さい。

P43

かんじの はなし

うえの ぶんを よんで こたえましょう。

(1) 「山」と いう かんじは なにから できましたか。⑮

（「やま」の すがたから。）

(2) 「水」と いう かんじは なにから できましたか。⑮

（「みず」の ながれる ようすから。）

(3) 「雨」と いう かんじは なにから できましたか。⑮

（空から「あめ」が ふる ようすから。）

(4) 「うえ」に、ものが ある ことを しめす しるしから できた かんじを かきましょう。⑮

（「上」）

(5) うえの ぶんを よんで、それぞれの かんじを 三つに わけましょう。(8×5)

① しるしから できた かんじ

（上）（下）

② なにかの ようすから できた かんじ

（雨）（水）

③ すがたから できた かんじ

（山）

P44

ものの 名まえ (1)

うえの ぶんを よんで こたえましょう。 ((1)~(5)まで 各20)

(1) けんじくんは、町へ なにを しに いきましたか。

（かいもの）

(2) はじめの おみせで、なにを かいましたか。

（りんご）

(3) はじめの おみせは、なにやさんでしょう。

（くだものやさん）

(4) つぎの おみせは、なにやさんでしょう。

（さかなやさん）

(5) おじさんは、なぜ「わからないよ。」と いったのでしょう。

（(いろんな さかなを うっているので、) どの さかなか わからないから。）

P45

ものの 名まえ (2)

うえの ぶんを よんで こたえましょう。

(1) ものには、どんな ふうに 名まえが ついて いますか。二つ かきましょう。⑳

（一つ一つに 名まえが ついて いる。）

（一つ一つの ものを、まとめて つけた 名まえも ある。）

(2) りんご、みかん、バナナなどを まとめて つけた 名まえは なにですか。⑳

（くだもの）

(3) うえの ぶんに かいてある さかなの 名まえを ぜんぶ かきましょう。(10×3)

（あじ）（さば）（たい）

(4) つぎの ことばの なかで、まとめて つけた 名まえには 〇、一つ一つの ものに つけた 名まえには △をしましょう。(5×6)

（〇）さかな　（〇）花

（△）さくら　（△）ぶどう

（〇）くだもの　（△）さんま

※本書にかかれている解答はあくまでも一例です。答えは、文意があっていれば、〇をして下さい。
「思ったこと」「考えたこと」などは様々なとらえ方があります。児童の思いをよく聞いて〇をつけて下さい。

P46

どうぶつの 赤ちゃん (1)

うえの ぶんを よんで こたえましょう。

(1) ライオンの 赤ちゃんの 生まれた ときの ようすに ついて かきましょう。 (15×3)

① どれぐらいの 大きさですか。

（**子ねこぐらいの 大きさ**）

② 目や 耳は どうなって いますか。

（**とじた まま**）

③ おかあさんに にていますか。

（**あまり にて いない。**）

(2) ライオンの 赤ちゃんは、よそへ いく ときは、どうやって いきますか。 (20)

（**おかあさんに、口に くわえて はこんで もらう。**）

(3) ライオンの 赤ちゃんが、おかあさんの おちちだけ のんで いるのは どれぐらいの あいだ ですか。 (15)

（**二か月ぐらい**）

(4) ライオンの 赤ちゃんが、えものを じぶんで つかまえて たべるように なるのは、生まれて どれぐらい たってからですか。 (20)

（**一年ぐらい**）

P47

どうぶつの 赤ちゃん (2)

うえの ぶんを よんで こたえましょう。

(1) しまうまの 赤ちゃんは、生まれた とき、どれぐらいの 大きさですか。 (15)

（**やぎぐらいの 大きさ**）

(2) 目や 耳は どうなって いますか。 (15)

（**目は あいて いて、耳は ぴんと 立って いる。**）

(3) おかあさんに にていますか。 (15)

（**（にている） そっくり**）

(4) しまうまの 赤ちゃんは、生まれて どれぐらいで、はしるように なりますか。 (15)

（**生まれた つぎの日**）

(5) しまうまの 赤ちゃんが、生まれて すぐに 立って はしれるように なるのは、なんの ためですか。 (20)

（**つよい どうぶつに おそわれても、おかあさんや なかまと いっしょに にげる ことが できるため。**）

(6) しまうまの 赤ちゃんは 生まれて 七日ぐらい たったあと、どのように して 大きくなりますか。 (20)

（**おちちも のむが、じぶんで 草も たべるように なる。**）

P48

どうぶつの はな (1)

うえの ぶんを よんで こたえましょう。

(1) ㋐たいへんです。と ありますが なにが たいへん なのですか。 (20)

（**かいじゅうが あらわれたから。**）

(2) こっちを にらんで いる かいじゅうは なんですか。 (20)

（**かば（の はな）**）

(3) かばは どこに すんでいますか。 (20)

（**かわや ぬまの ちかく**）

(4) かばが みずに もぐる とき、はなの あなを とじるのは どうしてでしょう。 (20)

（**みずが はいらないように する ため。**）

(5) ①②の □に あてはまる ことばに 〇を しましょう。 (10×2)

① どれは あれは （これは）

② （ほかにも） だから しかし

※本書にかかれている解答はあくまでも一例です。答えは、文意があっていれば、○をして下さい。
「思ったこと」「考えたこと」などは様々なとらえ方があります。児童の思いをよく聞いて○をつけて下さい。

P49

どうぶつの はな (2)

うえの ぶんを よんで こたえましょう。

(1) はりもぐらは なにを たべますか。⑩

（おちばや つちの なかに いる、ありや しろあり）

(2) はりもぐらの はなは どうなって いますか。⑮

（ながく つきでて いる。）

(3) ぞうの はなは どうなっていますか。⑮

（ながくて、いろいろな むきに まがる。）

(4) ぞうは、はなを じょうずに つかって なにを しますか。⑮

（えさを たべたり、みずを あびたり する。）

(5) ㋐㋑の それぞれの どうぶつの はなの えを みて、（ ）に ㋐か ㋑を かきいれましょう。(15×2)

① はなを つかって、みずあびを する。（㋑）

② はなの さきで、つちを かき わける。（㋐）

P50

いろいろな ふね (1)

うえの ぶんを よんで こたえましょう。

(1) きゃくせんは、なにを はこぶ ための ふねですか。⑳

（たくさんの 人を はこぶ ための ふね。）

(2) きゃくせんの なかで、つぎの ことを する ところを なんと いいますか。(10×2)

① 人が 休むところ（きゃくしつ）

② しょくじを するところ（しょくどう）

(3) フェリーボートは、なにを はこぶ ための ふねですか。⑳

（たくさんの 人と じどう車を いっしょに はこぶ ための ふね。）

(4) フェリーボートの 中には、どんな ところが ありますか。⑳

（きゃくしつや 車を とめて おく ところ。）

(5) 人は、車を ふねに 入れてから、どうしますか。⑳

（きゃくしつで 休む。）

P51

いろいろな ふね (2)

うえの ぶんを よんで こたえましょう。

(1) さかなを とる ための ふねを なんと いいますか。⑩

（ぎょせん）

(2) ぎょせんに つんで あるものを かきましょう。⑮

（さかなの むれを みつける きかいや、あみ）

(3) ①の ふねの えは、うみに あみを はっていますが、なにを とる ためですか。⑮

（さかな）

(4) しょうぼうていは、なにを する ための ふねですか。⑮

（ふねの 火じを けす ための ふね）

(5) しょうぼうていには、なにが つんで ありますか。⑮

（ポンプや ホース）

(6) しょうぼうていは、どのようにして 火を けしますか。⑮

（水や くすりを かけて、火を けす。）

(7) ②の ふねの えで、ホースなどから ふきだしているものは なんですか。⑮

（水や くすり）

※本書にかかれている解答はあくまでも一例です。答えは、文意があっていれば、○をして下さい。
「思ったこと」「考えたこと」などは様々なとらえ方があります。児童の思いをよく聞いて○をつけて下さい。

P52

じゃんけん

うえの ぶんを よんで こたえましょう。

(1) じゃんけんで、はさみを あらわして いるのは なんですか。⑮
（「チョキ」）

(2) じゃんけんで、かみを あらわして いるのは なんですか。⑮
（「パー」）

(3) じゃんけんを する とき、「グー」は なにを あらわしますか。⑩
（石）

(4) 「グー」が「チョキ」に かてるのは どうしてでしょう。⑮
（石は、はさみでは きれないから。）

(5) 「パー」は、どうして「チョキ」に まけるのでしょう。⑮
（はさみは、かみを きることが できるから。）

(6) 「パー」が「グー」に かてるのは どうしてでしょう。⑮
（かみは、石を つつんでしまうから。）

(7) 「グー」「チョキ」「パー」は どんな しくみに なっていますか。⑮
（どれも、ほかの 二つの うちの 一つには かつ。でも、のこりの 一つには まけるように なって いる。）

P53

なにが かくれて いるのでしょう

うえの ぶんを よんで こたえましょう。

(1) ばらの きに、なにが かくれて いるのでしょう。⑮
（しゃくとりむし）

(2) かれはの なかに、なにが かくれて いるのでしょう。⑮
（このはちょう）

(3) このはちょうは、どうすると かれはと そっくりに なりますか。⑳
（はねを とじる）

(4) むしが じょうずに かくれる ことが できるのは、なんの ためでしょう。⑳
（てきから みを まもる ため。）

(5) ㋐㋑の それぞれの えを みて、（ ）に ㋐か㋑を かきいれましょう。(15×2)
① このはちょうが かくれて いる （㋑）
② しゃくとりむしが かくれて いる （㋐）

P54

はたらく じどう車 (1)

うえの ぶんを よんで こたえましょう。

(1) 大ぜいの おきゃくを のせて はこぶ じどう車は なにですか。⑮
（バス）

(2) バスの なかには、どんな ものが ついていますか。⑮
（たくさんの ざせきや つりかわや 手すり）

(3) バスは、どういうふうに はしって いますか。⑳
（きまった じこくに、きまった みちを はしる。）

(4) コンクリートミキサー車は なにを する じどう車ですか。⑮
（なまコンクリートを はこぶ じどう車）

(5) ミキサーの なかには なにが はいって いるのでしょう。⑮
（なまコンクリート）

(6) ミキサーを ぐるぐる まわしながら はしるのは なぜですか。⑳
（なまコンクリートが かたまらないように するため。）

※本書にかかれている解答はあくまでも一例です。答えは、文意があっていれば、○をして下さい。
「思ったこと」「考えたこと」などは様々なとらえ方があります。児童の思いをよく聞いて○をつけて下さい。

P55

はたらく じどう車 (2)

うえの ぶんを よんで こたえましょう。

(1) ショベルカーは、どんな ときに つかう じどう車ですか。⑩

（こうじを する とき（に つかう じどう車））

(2) ショベルカーには、なにが ついて いますか。二つ かきましょう。(10×2)

（（てつで できた） ながい うで）

（じょうぶな バケット）

(3) うでと バケットは、なにを する ときに つかいますか。⑮

（じめんを ほったり、けずったり する。）

(4) 火じを けす ときに つかう じどう車は なにですか。⑩

（ポンプ車）

(5) ポンプ車に つんで あるものを 三つ かきましょう。(10×3)

（ホース）（はしご）（ホースを はこぶ 車）

(6) ポンプ車は、どのようにして 火を けしますか。⑮

（いけや しょう火せんなど から 水を すいあげて、火を けす。）

P56

みぶりで つたえる (1)

うえの ぶんを よんで こたえましょう。

(1) くびを たてに ふると、どういう いみに なりますか。⑮

（「はい」）

(2) 「よく わからない」と いう いみに なるのは、くびを どうした ときですか。⑮

（よこに かたむける）

(3) 「しずかに しよう」と いう いみの みぶりは どうしますか。⑮

（くちびるに 人さしゆびを あてる。）

(4) さつまいもの 大きさを よく つたえるには どんな みぶりを すれば よいですか。⑮

（さつまいもの ながさや ふとさを りょう手で あらわす。）

(5) おれいの きもちを よく つたえたい ときは、どうすれば よいでしょうか。⑳

（あたまを 下げながら、「ありがとう ございます。」と いう。）

(6) じぶんの つたえたい ことを、あいてに はっきりと つたえたいときは、どうすれば よいでしょうか。⑳

（みぶりと ことばを いっしょに つかう。）

P57

みぶりで つたえる (2)

うえの ぶんを よんで こたえましょう。

(1) うれしい ときには、どんな みぶりを しますか。⑮

（りょう手を 上げて ばんざいを する。）

(2) こまった ときには、どんな みぶりを しますか。⑮

（うでを くんだり、あたまに 手を あてたり する。）

(3) ことばよりも みぶりで あらわす ほうが よく つたわるのは どんな きもちですか。四つ かきましょう。(5×4)

（うれしい）（たのしい）

（かなしい）（こまった）

(4) じぶんの きもちや かんがえを、まわりの 人に つたえるために、なにを つかいますか。二つ かきましょう。(15×2)

（ことば）（みぶり）

(5) じぶんの かんがえを はっきりと あらわせるように する ためには どうしたら よいですか。⑳

（ことばだけで なく、みぶりを じょうずに つかう。）

※本書にかかれている解答はあくまでも一例です。答えは、文意があっていれば、○をして下さい。
「思ったこと」「考えたこと」などは様々なとらえ方があります。児童の思いをよく聞いて○をつけて下さい。

P58

いきものの あし (1)

うえの ぶんを よんで こたえましょう。

(1) あひるの あしは どうなって いますか。⑮

（ゆびの あいだに、みずかきが ついて いる。）

(2) あひるの あしは、なにを するのに つごうよく できて いますか。⑮

（みずの なかを、すいすいと およぐ。）

(3) らいおんの あしは どうなって いますか。⑮

（まるくて やわらかい ものが ついて いる。）

(4) らいおんの あしは、なにを するのに つごうよく できて いますか。⑮

（あしおとを たてずに、えものに そっと ちかづく。）

(5) □には おなじ ことばが はいります。あてはまる ことばに ○を しましょう。⑩

それから　（だから）　それで

(6) (あ)(い)の えを みて、（　）に (あ)か(い)を かきいれましょう。(15×2)

① まるくて やわらかい ものが ついて いる。（(い)）

② みずの なかを、すいすいと およぐ ことが できる。（(あ)）

P59

いきものの あし (2)

うえの ぶんを よんで こたえましょう。

(1) (う)の えは、なんの あしでしょう。⑳

（だちょう）

(2) だちょうの あしには、なにが ついて いますか。⑳

（がっちりした ゆびが にほん）

(3) なぜ だちょうは はやく はしる ことが できるのですか。⑳

（あしに がっちりした ゆびが にほん ついて いて、じめんを つよく けるから。）

(4) ①②の □に あてはまる ことばに それぞれ ○を しましょう。(20×2)

① （これは）　どれは　あれは

② それから　（だから）　それでも

P60

まめ (1)

うえの ぶんを よんで こたえましょう。

(1) まめは なんですか。あてはまる ことばに ○を しましょう。⑩

（たね）　はな　くき

(2) まめを まいて、水を やると、どうなりますか。⑳

（なん日か すると、土が もりあがって、めが 出て くる。）

(3) めが 出て くると、つぎは どう なりますか。⑳

（小さな はが 出て、くきが のびる。）

(4) はの かずは、どうなって いきますか。⑳

（つぎつぎと ふえて いく。）

(5) □に あてはまる ことばに ○を しましょう。⑩

それでも　とうとう　（それで）

(6) ① まめは たねです。生きて います。とありますが、生きて いる ことが わかる ぶんを ぬきがき しましょう。⑳

（なん日か すると、土が もりあがって、めが 出て きます。）

※本書にかかれている解答はあくまでも一例です。答えは、文意があっていれば、○をして下さい。
「思ったこと」「考えたこと」などは様々なとらえ方があります。児童の思いをよく聞いて○をつけて下さい。

P61

まめ (2)

うえの ぶんを よんで こたえましょう。

(1) 花が さいた あとに、なにが できますか。⑳

（あたらしい まめ）

(2) まめは、どのようにして そだちますか。⑮

（さやに つつまれて そだつ。）

(3) まめは、じゅうぶんに みのると、どうなりますか。⑮

（さやから はなれる。）

(4) どのまめにも、なにが ありますか。⑮

（へそ）

(5) さやに つながって いたのは、なにですか。⑮

（へそ）

(6) どうして まめは たねだと わかるのですか。⑳

（土に まくと、あたらしい まめが できるから。）

P62

おにごっこ (1)

うえの ぶんを よんで こたえましょう。

(1) おにが にげる 人の かげを ふもうと して おいかける あそびは なにですか。⑮

（かげふみ）

(2) かげふみで、おにに なるのは どんな 人ですか。⑮

（おにに かげを ふまれた 人。）

(3) かげふみは、どんな 日に する あそびですか。⑳

（かげが じめんに はっきり うつる、天気の よい 日。）

(4) おにが、かくれた 人を さがす あそびは なにですか。⑮

（かくれんぼ）

(5) かくれんぼで、おにで ない 人は いつ かくれますか。⑮

（おにが、目を つぶり、かずを かぞえている あいだ。）

(6) かくれんぼで、おにに なるのは どんな 人ですか。⑳

（はじめに 見つかった 人）

P63

おにごっこ (2)

うえの ぶんを よんで こたえましょう。

(1) 手つなぎおには、どんな あそびですか。⑳

（おにが 手を つないで、にげる 人を おいかける あそび。）

(2) はじめに、なにを きめますか。⑮

（ふたりの おに）

(3) おには、どのようにして、ほかの 人を おいかけますか。⑮

（手を つないで おいかける。）

(4) おにに つかまった 人は、どうしますか。⑮

（つぎつぎに 手を つないで、ほかの 人を おいかける。）

(5) さいごの 人が つかまったら、どうしますか。⑮

（また あたらしく おにを きめる。）

(6) おにごっこは、どんな 人が して きた あそびだと かいて ありますか。四つ かきましょう。⑳

（おとうさん）（おかあさん）

（おじいさん）（おばあさん）

※本書にかかれている解答はあくまでも一例です。答えは、文意があっていれば、○をして下さい。
「思ったこと」「考えたこと」などは様々なとらえ方があります。児童の思いをよく聞いて○をつけて下さい。

P64

だいじな たまご

うえの ぶんを よんで こたえましょう。

(1) つばめは、どこに すを つくりますか。⑮

（**のきした**）

(2) つばめは、どうして のきしたに たまごを うむのでしょう。⑮

（**たまごを あめなどから まもる ため。**）

(3) いしがめは、どうして ひあたりの よい ところに あなを ほるのでしょう。⑳

（**たまごを うむ ため。**）

(4) いしがめは、どうして ひあたりの よい ところに たまごを うむのでしょう。⑳

（**たまごを たいように あたためて もらう ため。**）

(5) ① あげはは、どこに たまごを うみますか。(15×2)

（**みかんの きの は**）

② それは どうしてですか。

（**ようちゅうが、はを たべて おおきく なるように する ため。**）

P65

たねの たび (1)

うえの ぶんを よんで こたえましょう。(（1）～（5）まで 各20)

(1) たんぽぽの たねは どこに ついて いますか。

（**わたげの 下**）

(2) たんぽぽの たねは どうやって たびを しますか。

（**わたげで かぜに のって たびを する。**）

(3) たんぽぽの たねの ぶぶんに いろを ぬりましょう。

↑ここ

(4) おなもみの たねは どこに ありますか。

（**とげの ついた みの 中**）

(5) おなもみの たねは どうやって たびを しますか。

（**とげで どうぶつたちに くっついて たびを する。**）

P66

たねの たび (2)

うえの ぶんを よんで こたえましょう。(（1）～（5）まで 各20)

(1) ななかまどの たねは どこに ありますか。

（**赤い みの 中**）

(2) ななかまどの たねは だれと いっしょに たびを しますか。

（**ことり**）

(3) ななかまどの たねは、ことりたちに たべられた あと どうなりますか。

（**ふんに まじって 出て くる。**）

(4) おおくの たねは、とおい ところへ たびを するため、どうなって いますか。

（**たびを しやすい ふくを きている。**）

(5) たびを した たねは どうなりますか。

（**たびを した ところで めを 出し、草や 木に なる。**）

※本書にかかれている解答はあくまでも一例です。答えは、文意があっていれば、○をして下さい。
「思ったこと」「考えたこと」などは様々なとらえ方があります。児童の思いをよく聞いて○をつけて下さい。

P67

かみコップ人ぎょう (1)

うえの ぶんを よんで こたえましょう。

(1) かみコップ人ぎょうの、口に なるのは どこですか。⑮

かみコップの そこ

(2) 糸を ひっぱると どうなりますか。⑳

口が ぱくぱく うごく。

(3) どんな かみコップ人ぎょうを つくって あそびましょうと かいて ありますか。⑳

人や どうぶつが はなしたり うたったり して いるような かみコップ人ぎょう。

(4) かみコップ人ぎょうを つくるのに よういするものを 五つ かきましょう。(5×5)

白い かみコップを 一つ

二十センチメートルほどの たこ糸

えんぴつ

はさみ

フェルトペン

(5) はじめに なにを しますか。⑳

はさみで 二かしょ、かみコップの そこまで きりこみを 入れる。

P68

かみコップ人ぎょう (2)

うえの ぶんを よんで こたえましょう。 ((1)~(5)まで 各20)

(1) ③の ずで、かおや からだを かくとき なにを つかいますか。

フェルトペン

(2) ④の ずでは、なにを つかいますか。

はさみ

(3) えんぴつは なにを するために つかいますか。

かみコップの そこに 二かしょ、あなを あける ため。

(4) 二かしょの あなに なにを とおしますか。

たこ糸

(5) 糸の はしに、きりとった かみコップの ふちを むすぶのは、どうしてですか。

(糸が) ぬけないように するため。

※本書にかかれている解答はあくまでも一例です。答えは、文意があっていれば、○をして下さい。
「思ったこと」「考えたこと」などは様々なとらえ方があります。児童の思いをよく聞いて○をつけて下さい。

P71

じどう車くらべ

なまえ

(1) 「じどう車くらべ」を よんで こたえましょう。
①～④の ぶんでは、それぞれ どんな じどう車に ついて かいて ありますか。じどう車の なまえを（ ）に かきましょう。(8×5)

（じょうよう車）

①（バス）
②（トラック）
③（クレーン車）
④（きゅうきゅう車）

(2) ① ①～④のうちで、あなたが いちばん のって みたい じどう車は どれですか。(8)（略）

② ①で えらんだ じどう車に のって みたい わけを かきましょう。(10)

（略）

(3) 「バス」と「じょうよう車」の ちがいを かきましょう。(10)

（バスは たくさんの 人を いちどに はこべるが、じょうよう車は はこべない。など）

(4) つぎの ときは、どの じどう車が よいでしょう。（ ）に かきましょう。(8×4)

①「たいへんだ。おとうとが やけど した。」（きゅうきゅう車）
②「きょうは うれしい えんそくだ。」（バス）
③「ビルの こうじを しているよ。」（クレーン車）
④「たくくんが ひっこし するんだって。」（トラック）

P73

どうぶつの はな

なまえ

(1) 「どうぶつの はな」を よんで こたえましょう。
あいうの はなは、それぞれ なにの どうぶつの はなですか。(8×3)

あ 
い 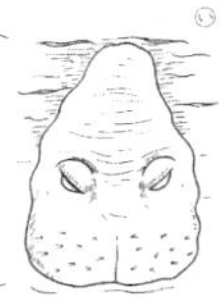
う 

あ（ぞう）　い（かば）　う（はりもぐら）

(2) あいうの それぞれの どうぶつの はなの あなに、あかえんぴつで いろを ぬりましょう。(8×3)

(3) あいうの それぞれの どうぶつの はなの えを みて、つぎの もんだいに こたえ、（ ）に あかいうと かきましょう。

① いちばん はなが ながい どうぶつは どれですか。(6)（あ）

② はなの あなを とじることが できない どうぶつは どれですか。(8×2)（あ）（う）

(4) あなたの はなと、いの どうぶつの はなとでは、どういう ところが ちがいますか。(10)

例（いは みずの なかで はなの あなを とじる ことが できるけど、わたしは できない。など）

(5) あなたの はなと、うの どうぶつの はなとでは、どういう ところが ちがいますか。(10)

例（うは おちばや つちを かきわけて、ありや しろありを みつける ことが できるけど、わたしは できない。など）

(6) あなたの はなは どんな ときに つかいますか。(10)

例（いきを する とき におい を かぐ とき など）

P75

いろいろな ふね

なまえ

(1) 「いろいろな ふね」を よんで こたえましょう。
つぎの えを みて、ふねの なまえを かきましょう。(10×4)

（きゃくせん）

（フェリーボート）

（ぎょせん）

（しょうぼうてい）

(2) ① (1)の なかで、あなたが いちばん きに いった ふねは どれですか。(15×2)

（略）

② えらんだ わけを かきましょう。

（略）

(3) 「きゃくせん」と「フェリーボート」の ちがいを かきましょう。(15)

（きゃくせんは、たくさんの 人を はこぶが、フェリーボートは、たくさんの 人と じどう車を いっしょに はこべる。）

(4) なぜ ふねには いろいろな しゅるいが あるのでしょう。ただしいものに 一つ ○を しましょう。(15)

（○）それぞれの やくめに あうように つくられて いるから。
（ ）それぞれの ばしょに あうように つくられて いるから。
（ ）それぞれの 大きさに あうように つくられて いるから。

※本書にかかれている解答はあくまでも一例です。答えは、文意があっていれば、○をして下さい。
「思ったこと」「考えたこと」などは様々なとらえ方があります。児童の思いをよく聞いて○をつけて下さい。

P77

みぶりで つたえる

なまえ

「みぶりで つたえる」を よんで こたえましょう。

(1) つぎの みぶりは、どんな いみを あらわしていますか。あうものを ――で つなぎましょう。(10×4)

くびを よこに ふる ―― いいえ
くちびるに 人さしゆびを あてる ―― しずかに しよう
くびを よこに かたむける ―― よく わからない
くびを たてに ふる ―― はい

(2) みぶりと ことばを いっしょに つかうと、つたえたいことが はっきり つたわる れいを、みぶりの（　）に かきましょう。(10×2)

ことば

「大きな さつまいもを ほったよ。」＝（さつまいもの ながさや ふとさを りょう手で あらわす。）

みぶり

「ありがとう ございます。」＝（あたまを 下げる。）

(3) みぶりが、ことばよりも きもちを つよく あらわす れいを ぶんの 中から さがして、二つ かきましょう。(15×2)

（うれしい ときには、りょう手を 上げて ばんざいを する。）

（こまった ときには、うでを くんだり、あたまに 手を あてる。）

(4) あなたは どんな ときに みぶりを つかって つたえますか。一つ かきましょう。(10)

例

（いやなときは、手をふって「いやだ」という。「はやくはやく」といって、手まねきする。　など）

P79

いきものの あし

なまえ

「いきものの あし」を よんで こたえましょう。

(1) 3びきの どうぶつが でてきます。なまえを かきましょう。(8×3)

①（あひる）　②（らいおん）　③（だちょう）

(2) 3びきの どうぶつの あしの ことが かいてあります。ぶんと どうぶつの なまえと あしの えを ――で つなぎましょう。(5×6)

まるくて やわらかい ものが ついて いる。 ―― らいおん
みずかきが ついている。 ―― あひる
がっちりした ゆびが にほん ついて いる。 ―― だちょう

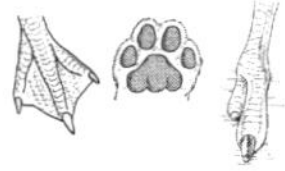

あひる ―― みずかきの ある あしの え
らいおん ―― まるい あしの え
だちょう ―― ゆびが にほんの あしの え

(3) 3びきの どうぶつの あしの えを みて、つぎの（　）に どうぶつの なまえを かきましょう。(8×2)

① みずが ある ところに いる どうぶつは どれですか。（あひる）

② えものを おそう どうぶつは どれですか。（らいおん）

(4) あなたの あしと、あひるの あしを くらべると、どこが ちがいますか。ちがう ところを かきましょう。(10)

例

（あひるは みずかきが ついて いるが、わたしには ない。など）

(5) あなたの あしと、らいおんの あしを くらべると、どこが ちがいますか。ちがう ところを かきましょう。(10)

例

（らいおんは まるくて やわらかい ものが ついて いるが、わたしには ない。など）

(6) 「いきものの あし」を よんで あなたが おもったことや かんがえたことなどを かきましょう。(10)

（略）

P81

たねの たび

なまえ

「たねの たび」を よんで こたえましょう。

(1) たびを する たねには どんな ものが あると かいて ありますか。ぜんぶ かきましょう。(20)

（たんぽぽ　おなもみ　ななかまど）

(2) 下の えの どこに たんぽぽの たねが ありますか。たねに いろを ぬりましょう。(10)

(3) たねの たびの しかたを それぞれ かきましょう。(10×3)

たんぽぽ（わたげで かぜに のって たびを する。）

おなもみ（とげで どうぶつたちに くっついて たびを する。）

ななかまど（ことりたちに たべられて、ことりと いっしょに たびを する。）

(4) おおくの たねは、たびを しやすい ふくを きています。それぞれ どんな たびを しやすい ふくを きていますか。①〜③の たねは (10×3)

① たんぽぽの たね（わたげ）

② おなもみの たね（とげの ついた み）

③ ななかまどの たね（(ことりが たべる) 赤い み）

(6) 「たねの たび」を よんで あなたが おもったことや かんがえたことなどを かきましょう。(10)

（略）

※本書にかかれている解答はあくまでも一例です。答えは、文意があっていれば、○をして下さい。
「思ったこと」「考えたこと」などは様々なとらえ方があります。児童の思いをよく聞いて○をつけて下さい。

P84

はる　なまえ［　　　］

はる

①
はるの　はな
さいた
あさの　ひかり
きらきら

②
おはよう
おはよう
みんな　ともだち
いちねんせい

（光村図書「こくご一年(上)」かざぐるま　なかがわ　りえこ）

うえの　しを　よんで　こたえましょう。

(1) おはようと　いって　いるのは　だれですか。
（**みんな（いちねんせいの　こどもたち）**）

(2) みんなは　なんねんせい　ですか。
（**いちねんせい**）

(3) ①の　ぶんには　なにの　ようすが　かかれて　いますか。
（**はるの　はなや　あさの　ひかり**）のようす

(4) ②の　ぶんには　なにの　ようすが　かかれて　いますか。
（**みんな（いちねんせいの　こどもたち）**）のようす

(5) この　しを　よんで　おもったことや　かんじたことを　かきましょう。
（**略**）

84

P85

くもは　がようし　なまえ［　　　］

くもは　がようし

しろい　くもは
ゆめを　かく　がようし
どんなに　たくさん
かいても
いいですよって
やさしく　そらに
うかんでる

しろい　くもに
なにを　かこうか
かんがえる
おおきく　なったら
したい　ことや
いつか　きっと
なりたい　もの

（東京書籍　新編　あたらしいこくご一年(下)　みやなか　くもこ）

うえの　しを　よんで　こたえましょう。

(1) しろい　くもは　なにですか。
（**ゆめを　かく　がようし**）

(2) しろい　くもは　なんと　いって、そらに　うかんで　いますか。
（**どんなに　たくさん　かいても　いいですよ**）

(3) しろい　くもに　かこうと　かんがえて　いるものを　二つ　かきましょう。
（**おおきく　なったら　したい　こと**）
（**いつか　きっと　なりたい　もの**）

(4) この　しを　よんで　おもったことや　かんじたことを　かきましょう。
（**略**）

85

P86

てんとうむし　なまえ［　　　］

てんとうむし

いっぴきでも
てんとうむしだよ
ちいさくても
ぞうと　おなじ　いのちを
いっこ　もって　いる
ぼくを　みつけたら
こんにちはって　いってね
そしたら　ぼくも
てんとうむしの　ことばで
こんにちはって　いうから
きみには　きこえないけど

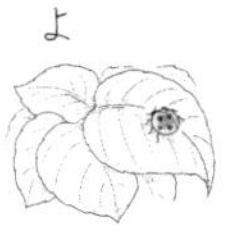

（教育出版　しょうがくこくご　ひろがることば　一年(下)　かわさき　ひろし）

うえの　しを　よんで　こたえましょう。

(1) てんとうむしは　ぞうと　おなじ　ものを　もって　います。それは　なんですか。
（**いのち**）

(2) うえの　ぶんで、「ぼく」とは　なにの　こと　ですか。
（**てんとうむし**）

(3) 「こんにちは」って　いわれたら、「ぼく」は　どんな　ことばで　どう　いおうと　おもって　いますか。
どんな　ことば（**てんとうむしの　ことば**）
どう　いおう（**こんにちは**）

(4) この　しを　よんで　おもったことや　かんじたことを　かきましょう。
（**略**）

86

P87

木　なまえ［　　　］

木

木は　いいな、
ことりが　とまりに　くるから。
ぼく、
木に　なりたい。
ぼくの　木に、
すずめが　たくさん　とまりに
きたら、
うれしくて、
くすぐったくて、
からだじゅうの　はっぱを
ちらちらさせて、
わらっちゃう。

（教育出版　しょうがくこくご　ひろがることば　一年(下)　しみず　たみこ）

うえの　しを　よんで　こたえましょう。

(1) ぼくが「木は　いいな」と　おもうのは　どうしてでしょう。
（**ことりが　とまりに　くるから。**）

(2) ぼくが　うれしい　きもちに　なるのは　どんな　ときですか。
（**ぼくの　木に、すずめが　たくさん　とまりに　きたとき。**）

(3) くすぐったく　なると、ぼくは　どう　しますか。
（**からだじゅうの　はっぱを　ちらちらさせて、わらっちゃう。**）

(4) この　しを　よんで　おもったことや　かんじたことを　かきましょう。
（**略**）

87

P88

なみは　てかな　なまえ［　　　］

なみは　てかな

①
なみは　てかな
うみの　てかな
なみうちぎわで
ぱっと　ひらいた

②
なみは　てかな
しろい　てかな
かいがら　ひとつ
ぱっと　なげた

③
なみは　てかな
つないだ　てかな
なみうちぎわを
ぱっと　かこんだ

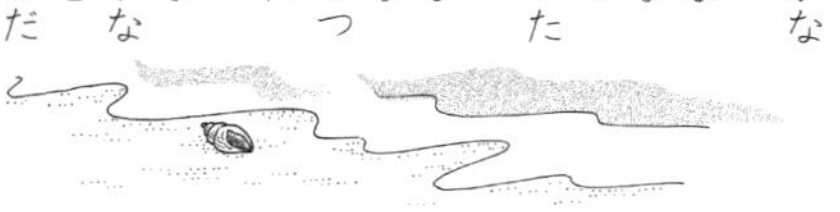

（学校図書　みんなとまなぶ　しょうがっこうこくご一年(上)　こわせ　たまみ）

うえの　しを　よんで　こたえましょう。

(1) なみは　うみの　なにだと　おもって　いますか。
（て）

(2) ①を　よんで　こたえましょう。なみは　なみうちぎわで　どうなりましたか。
（ぱっと　ひらいた）

(3) ②を　よんで　こたえましょう。なみは　なにを　はこんで　きましたか。
（かいがら）

(4) ③を　よんで　こたえましょう。なみは　なみうちぎわを　どうしましたか。
（ぱっと　かこんだ）

(5) この　しを　よんで　おもったことや　かんじたことを　かきましょう。
（略）

88

P89

あした　なまえ［　　　］

あした

ひとつ　ねたら
あしたに　なるって　いうけれど
めが　さめたら
きょうだった
あしたは　あしたへ　にげてった

ねえ　もひとつ　ねたら
あしたに　なるの
ちがうんだろ
いくら　おいかけたって
あしたは　いつも　ひとあしさきだ
つかまらないんだ　ぜったいに

（学校図書　みんなとまなぶ　しょうがっこうこくご一年(上)　かんざわ　としこ）

うえの　しを　よんで　こたえましょう。

(1) ひとつ　ねたら　なにに　なると　いって　いますか。
（あした）

(2) めが　さめたら　いつでしたか。
（きょう）

(3) あしたは　どうなりましたか。
（あしたへ　にげてった）

(4) あしたは　いくら　おいかけたって　つぎの　ひだと　いうことを、どんな　ことばで　あらわしていますか。
（あしたは　いつも　ひとあしさきだ）

(5) この　しを　よんで　おもったことや　かんじたことを　かきましょう。
（略）

89

P90

トランポリン　なまえ［　　　］

トランポリン（とらんぽりん）

くもの　すで
あめつぶぼうやが
トランポリン

くもと　いっしょに
トランポリン

かぜも　いっしょに
トランポリン

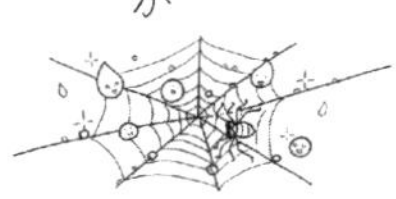

（学校図書　みんなとまなぶ　しょうがっこうこくご一年(下)　いけだ　もとこ）

うえの　しを　よんで　こたえましょう。

(1) くもの　すに　おちて　きたのは　なにですか。
（あめつぶぼうや）

(2) 「あめつぶぼうやが　トランポリン」と　ありますが、あめつぶの　どんな　ようすを　あらわしていますか。よいと　おもう　ものに　○を　しましょう。
（○）トランポリンの　ように　くもの　すで　あめつぶが　はねた。
（　）あめつぶが　あつまって　トランポリンの　ように　なった。

(3) あめつぶぼうやと　いっしょに　トランポリンを　しているのは、だれですか。二つ　かきましょう。
（くも）（かぜ）

(4) この　しを　よんで　おもったことや　かんじたことを　かきましょう。
（略）

90

P91

気もち　なまえ［　　　］

気もち

やさしい　気もちは
ふわふわ　してる。
こわい　気もちは
ぶるぶる　してる。
さみしい　気もちは
ほそぼそ　してる。
うれしい　気もちは
ぴょんぴょん　はねる。

（大阪書籍　しょうがくこくご一年(下)　さくら　ももこ）

うえの　しを　よんで　こたえましょう。

(1) ふわふわ　してるのは　どんな　気もちですか。
（やさしい　気もち）

(2) こわい　気もちは　どうして　いますか。
（ぶるぶる　してる。）

(3) ほそぼそ　してるのは　どんな　気もちですか。
（さみしい　気もち）

(4) うれしい　気もちは　どうして　いますか。
（ぴょんぴょん　はねる。）

(5) この　しを　よんで　おもったことや　かんじたことを　かきましょう。
（略）

91

著者
安立　聖　　　大阪府公立小学校　元教諭

羽田　純一　　京都府公立小学校　元教諭

平田　庄三郎　京都府公立小学校　元教諭

堀越　じゅん　大阪府公立小学校　元教諭　他４名

企画・編集者・著者
原田　善造　　わかる喜び学ぶ楽しさを創造する教育研究所　著者代表

イラストの参考文献
・学研の図鑑「動物」「植物」
・チャイルド本社「のりものいっぱい図鑑」
・小学館「２１世紀こども百科」「いきもの探検大図鑑」
・世界文化社「新ちきゅう大図鑑」
と、各教科書の文意を参考に作成しました。

短文・長文・PISA型の力がつく
まるごと読解力　説明文・詩　小学１年

2008年4月2日　第1刷発行
2010年1月1日　第2刷発行

著者　：安立　聖　羽田 純一　原田 善造　平田　庄三郎　堀越 じゅん
他４名による共著
企画・編集　：原田 善造
イラスト　：山口 亜耶

発行者：岸本 なおこ
発行所：喜楽研（わかる喜び学ぶ楽しさを創造する教育研究所）
〒604-0827 京都府京都市中京区高倉通二条下ル瓦町 543-1
TEL 075-213-7701　FAX075-213-7706
印刷：株式会社イチダ写真製版

ISBN：978-4-86277-018-9　★　Printed in Japan